자살 공화국

자살 공화국

한국인은 왜 자살하는가?

초판 2쇄 발행　2017년 12월 15일

초판 3쇄 발행　2020년 11월 15일

—

지은이　김태형

펴낸이　이방원

편　집　김명희·안효희·정조연·정우경·송원빈·최선희·조상희

디자인　손경화·박혜옥·양혜진　　**영　업**　최성수　　**마케팅**　이예희

—

펴낸곳　세창미디어

　　신고번호 제312-2013-000002호　주소 03735 서울시 서대문구 경기대로 88 냉천빌딩 4층

　　전화 02-723-8660　팩스 02-720-4579　**이메일** edit@sechangpub.co.kr　**홈페이지** http://www.sechangpub.co.kr

　　블로그 blog.naver.com/scpc1992　**페이스북** fb.me/Sechangofficial　**인스타그램** @sechang_official

—

ISBN　978-89-5586-490-8　03180

이 도서의 국립중앙도서관 출판예정도서목록(CIP)은 서지정보유통지원시스템 홈페이지(http://seoji.nl.go.kr)와

국가자료종합목록 구축시스템(http://kolis−net.nl.go.kr)에서 이용하실 수 있습니다.(CIP제어번호: CIP2017014003)

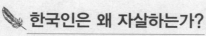

한국인은 왜 자살하는가?

자살
공화국

김태형 지음

세창미디어
MEDIA

머리말

2014년 4월 16일, 세월호가 침몰하는 장면을 지켜보며 많은 한국인들이 이렇게 탄식했다.

"대한민국호가 침몰하고 있다!"

세월호가 침몰하면서 수백 명이 고귀한 목숨을 잃었다. 그러나 세월호 사건이 발생하기 한참 전부터 한국사회는 하루에 약 30명을 죽음으로 내몰고 있었으며, 현재는 일 년에 1만 5천여 명을 죽음으로 내몰고 있다. 한국에서는 자살자로 인해 10년마다 15만 명 규모의 소도시 인구가 통째로 사라지고 있다. 자살자들이 같은 시각에 같은 장소에 모여 자살하지 않았기에 한국인들은 이 사실을 애써 회피하며 살아왔을 뿐이다. 하지만 세월호의 참극은 배 하나가 아니라 대한민국이 통째로 침몰하고 있으며, 이 과정에서 무수한 사람들이 죽음을 강요당하고 있음을 충격적으로 되새기게 해주었다.

한국사회가 잘못된 길로 가고 있음을 보여 주는 징표들은 무수히 많지만, 그것들 중에서 자살은 가장 뚜렷한 징표이다. 사람은 어떻게든 살려고 하지 죽으려 하지는 않는다. 즉 사람은 더 이상은 삶이 불가능한, 막다른 곳에 도달했을 때라야 스스로 목숨을 끊는다는 것이다. 한국사회는 과연 사람이 살 만한 곳인가. 아니면 요즈음의 젊은이들이 말하는 것처럼 사람 못 살 헬조선인가. 한국의 높은 자살률은 한국사회가 사람이 고통 없이는 살기 힘든 잘못된 사회임을 분명히 보여 주고 있다.

침몰하는 대한민국호를 구조하기 위한 한국인들의 염원은 위대한 촛불항쟁으로 타올라 대통령을 탄핵하고 마침내 민주정부를 탄생시켰다. 이제 민주정부가 수립되었으니 사회개혁이 성공적으로 이루어져 자살자의 수가 극적으로 줄어들게 될까? 분명한 것은 민주정부의 개혁이 성공적이냐 아니냐는 최종적으로 자살률을 통해서 증명될 것이라는 사실이다. 한국사회가 살기 좋은 세상이 되었다고 제아무리 자화자찬해도 자살자가 줄어들지 않는다면 무슨 소용이 있겠는가. 민주정부의 개혁은 반드시 자살자를 줄이는 올바른 방향으로 추진되어야 하고, 그것에 실질적으로 기여해야만 한다. 그럴 때에만 그것이 사람을 위한 진정한 개혁, 올바른 개혁이라고 말할 수 있을 것이다.

자살자를 줄이려면 또 자살을 예방하려면 자살의 원인부터 분명히 파악해야 한다. 만일 자살의 주요한 원인이 우울증이라면 우울증 약을 충분히 보급하거나 우울증 치료사업을 확대하면 될 것이다. 그러나 만일 자살의 주요한 원인이 사회에 있다면 사회를 올바로 개혁해야만 자살 문제를 해결할 수 있을 것이다. 그렇기 때문에 나는 자살에 영향을 미치는 주요한 원인부터 분명히 규명하기 위해 노력했다. 또한 한국인의 자살률이 세계 최고수준인 이유를 '한국형 자살'의 특징을 통해 해명했다.

상당수의 한국인들은 여전히 돈이 자살에 가장 큰 영향을 미친다고 믿고 있다. 그래서 경제를 성장시켜 사람들 손에 더 많은 돈을 쥐어 주면 자살률을 낮출 수 있다고 믿는다. 하지만 사람은 돈 때문에 자살하는 것이 아니므로 사람들에게 돈을 더 준다고 해서 자살률이 낮아지지는 않을 것이다. 자살의 가장 큰 원인은 돈이 아니라 '관계의 파탄'이다. 따라서 한국사회가 이 문제를 해결하지 못하는 한 자살률이 극적으로 낮아지는 일은 없을 것이다. 이 책이 침몰 직전에 극적으로 회생의 길에 들어선 대한민국호에 도움이 되기를 간절히 바란다.

2017년 6월

심리학자 김태형

차례

1부
___

자살이 일상인 나라,
대한민국

전쟁이라도 터져야 하는 것 아니야?

이제는 많은 이들이 알고 있듯이, 한국은 세계 최고의 자살률을 기록하고 있는 나라다. 그래서인지 안면이 있었거나 잘 알고 지내던 주변 사람이 자살했거나 그런 끔찍한 일을 경험했던 이들을 접하는 것이 일상이 되어 버린 듯하다. 이제 한국에서는 유명인의 자살이나 세상의 이목을 끌 만한 독특한 자살이 아닌 일반적인 자살은 언론이나 대중의 별다른 주목조차 받지 못한다. 어느덧 한국에서 자살은 일상이 되어 버린 셈이다.

놀랍게도 한국의 자살률이 OECD 가입국 중에서 12년째 1위라는 말을 해도 상당수의 사람들은 별다른 반응을 보이지 않는다. 이제는 대부분이 알고 있는 사실이기도 하거니와 10여 년이 넘는 긴 세월 동안 자살률 1위를 기록하고 있음에도 별다른 대책을 마련하지 못하고 있는 비극적 상황이 초래한 무력감 때문일 것이다. 어쩌면 한국의 자살률이 OECD 가입국 중에서 12년째 1위라는 애기를 듣는 사람들의 마음속에서는 다음과 같은 생각이 불쑥 스쳐 지나갈지도 모른다.

"그게 하루 이틀 일이야? 그래서 어쩌라고? 어차피 더 나빠질 텐데."

한국의 자살률이 OECD 가입국가 중에서 12년째 1위라는 말에는 별다른 반응을 보이지 않던 사람들도 한국의 자살자 수가 전쟁 중인 나라의 사망자 수(군인+민간인)보다 많다는 말을 들으면 비로소 깜짝 놀라면서 한국의 자살문제가 대단히 심각하다는 사실을 새삼 깨닫곤 한다. 최근 10년간 한국에서의 자살자 수는 약 15만 명으로 9년간의 이라크전쟁 사망자 수인 3만 9000명보다 무려 4배가 많다.[1] 또한 2007년부터 2011년까지의 5년간 한국에서의 자살자 수는 7만 1916명으로 같은 기간 아프가니스탄에서의 전쟁 사망자인 1만 4719명에 비해 약 5배가 많다.[2] 다른 원인으로 인한 사망자를 제외한, 스스로 자기의 목숨을 끊는 자살자만 놓고 비교하더라도 전쟁국가에서의 전쟁으로 인한 사망자보다 한국에서의 자살로 인한 사망자가 무려 4~5배가 많다는 것이다.

여기저기 흩어져서 시차를 두고 자살을 하고 있으며, 일상화된 자살로 인해 언론이나 사람들의 주목을 받지 못해서 그렇지 10년간 자살자가 15만 명이나 된다는 것은 10년마다 한국에서 소도시 하나가 사라지고 있음을 의미한다. 한국인의 삶은 전쟁국가 민중들의 삶보다 과연 낫다고 할 수 있을까? 자살왕국 한국을 전쟁국가들보다 더 나은 사회라고 말할 수 있을까? 상황이 이렇다 보니 어떤 분은 이런 슬픈 농담을 하기도 했다.

"자살자 수가 줄어들려면 전쟁이 터지면 되겠네."

자살 공화국, 대한민국

———————

한국에서의 자살로 인한 사망자는 2014년 기준 1만 3836명이다. 인구 10만 명당 자살자 수는 27.3명으로 OECD 가입국 중에서 12년 연속으로 1위를 차지하고 있다. 하루에 약 38명, 2시간마다 약 3명이 스스로 목숨을 끊고 있다. 가히 자살 공화국이라고 불릴 만하다.

이 주제는 뒤에서 다시 자세히 다루겠지만, 한국인은 원래 자살을 많이 하는 민족이 아니었다. 단군조선부터 조선시대까지 5천년 세월 동안 한국인에게 자살은 아주 예외적이고 낯선 사건이었을 뿐이다. 한국인이 오늘날처럼 자살을 많이 하기 시작한 것은 한반도가 일제의 식민지가 된 이후의 일이다. 한국이 일제의 식민지가 된 1910년대 이후부터 자살률은 빠르게 증가했고, 자살의 증가추세를 돌려세울 수가 없다는 무력감이 팽배해지는 1930년대가 되자 '자살 사건은 심상하고 새로울 것 없는 일들로 취급되기 시작'했다.[3] 마치 오늘날의 한국사회처럼…. 해방이 된 후에 자살률은 일시적으로 하락했다가 박정희 독재정권 시기에 다시 증가했다. 자살률은 민주화운동이 폭발했던 80~90년대에 잠깐 감소하지만, 잘 알려져 있듯이 1990년대 후반의 IMF 시대를 거치면서 급격히 치솟아 계속 높은 수준을 유지하고 있다.

	1990년	2001년	2011년
10만 명당 자살자 수	7.6명	14.4명	31.7명
1990년 기준 비율		2배	4배

1990년에 인구 10만 명당 7.6명이었던 자살자는 IMF 경제위기 직후인 2001년에는 14.4명이 되었고 2011년에는 31.7명이 되었다. 약 20년 사이에 4배 이상이나 치솟은 것이다. 이 과정에서 노인, 빈민 등 사회적 약자는 물론이고 청소년·청년의 자살도 급증했다.[4] 사회지도층이나 유명 연예인들도 예외가 아니었다. 한국에서의 각종 자살 관련 통계들도 충격적이지만 그 이상으로 우리를 암울하게 만드는 것은 자살률이 여전히 빠르게 증가하고 있다는 사실이다. 비록 2012년에는 그 증가추세가 약간 꺾이기도 했지만 지난 10년 동안 한국에서의 자살률 상승 폭은 가히 기록적인 수준이다.[5] 서울의 경우 자살률은 2000년에 인구 10만 명당 9.7명, 2001년에 10.0명에 그쳤지만 2002년에 14.5명, 2005년에 20.1명, 2009년에 24.6명, 2010년에 24.3명, 2011년에 24.6명으로 치솟았다. 다만 최근 2~3년 새에는 다소 감소해 20명대 초반 수준을

유지하고 있다.

　연령대별로는 노인의 자살률이 최근 20여 년간 크게 상승했다. 통계청의 2010년 사망원인 통계에 의하면 1990년까지만 해도 60세 이상 노인들의 자살이 타 연령대에 비해 비교적 많기는 했지만 인구 10만 명당 10명대 중후반에 머무르고 있었다. 그러나 20년이 흐른 2010년에는 80세 이상의 경우 120명대, 75~79세는 90명대, 70~74세는 70명대, 65~69세는 60명대, 60~64세는 40명대로 각각 가파르게 치솟았다.[6]

　자살은 한국인의 주요 사망원인 중 하나가 된 지 오래다. 자살은 1992년에 주요 사망원인 중 10위였지만, 2000년에는 8위, 2013년에는 4위가 되었다. 자살이 당뇨병·폐렴·간질환·교통사고·고혈압 등 '가벼운' 질병들을 가볍게 물리치고 암, 뇌혈관질환, 심장질환 등 중대 질병에 이어 가장 흔한 사망원인으로 자리 잡은 것이다.[7]

통계숫자 너머의 자살

자살 관련 통계들은 과연 자살 실태를 있는 그대로 드러내 주고 있는 것일까? "모든 통계학자가 한데 입을 모으는 것은 세계의 자살률에 관련된 숫자가 실제보다도 낮게 표시되고 있으며, 확실한 통계 수치를 제공하고 있는 서구 국가들의 경우에도 실제보다 20~25% 과소평가되고 있다"[8]는 지적처럼, 자살 통계에 문제가 많다는 것이 전문가들의 공통된 의견이다. 즉 자살 실태는 자살 통계보다 더욱 심각하다고 보아야 한다는 것이다.

자살 통계의 문제는 무엇보다 자살을 터부시하는 사회풍조와 관련이 있다. 한국사회는 자살을 터부시하는 경향이 특히 강하기 때문에 자살자의 가족들이 사망 신고서에다 자살한 사람의 사망 원인을 허위로 기재하는 일이 빈번하다. 즉 자살 사망신고는 실제보다 축소되는 것이다. 사망원인에 대한 솔직하지 않은 신고는 통계청과 경찰청의 자살률 통계 간의 차이를 낳는 주요한 원인 중의 하나이다.

한국에서 자살 관련 통계자료로 사용되는 것은 통계청의 경우 〈사망 및 사망원인 통계결과〉, 경찰청의 경우 〈'범죄분석'의 변사사건 현황자료〉이다.⁹ 그런데 통계청의 자살 통계와 경찰청의 자살 통계의 수치 사이에는 큰 차이가 있다. 예를 들면 통계청은 1998년의 자살자를 8,569명으로 집계한 반면, 경찰청은 12,458명으로 집계하고 있다.¹⁰ 경찰청에서 집계한 자살자 수가 통계청에서 집계한 자살자 수보다 매년 수천 건 이상이나 많다. 왜 이런 큰 차이가 발생하는 것일까? 통계청의 사망원인 통계는 통계법과 호적법에 근거해 자살자의 유족이 읍·면·동 사무소나 시·구청에 신고한 사망 신고서의 통계항목을 집계한 것이다. 이때 자살자의 유족이 사망원인 항목에 '자살' 대신 병사 등으로 거짓 기록을 할 가능성이 있기 때문에 자살자의 수가 축소되어 집계될 위험이 있다. 반면에 경찰청의 자살통계는 자살 사건과는 무관한 제3자인 경찰관의 변사사건 조사결과를 기반으로 작성된다. 이 때문에 그나마 통계청의 자료보다는 경찰청의 자료가 더 타당성이 있는 것으로 간주되고 있다. 그렇지만 경찰청의 통계자료도 불완전하기는 마찬가지인데, 그것은 통계를 수집하는 국가기관에 의해 포착되지 않은 자살이 존재하기 때문이다.

자살 문제의 심각성을 정확히 이해하려면 자살 관련 통계의 문제점만이 아니라 자살을 시도했지만 사망하지는 않은 자살 시도까지 고려할 필요가 있다. 통상적으로 자살은 죽으려는 의도를 가지고 시도한 자발적 자해행동이 원인이 되어 사망하는 것을 의미하고 자살 시도는 죽으려는 의도를 가지고 시도하였으나 사망에 이르지 않은 자발적 행동을 의미한다.[11] 일반적으로 자살 시도자는 자살에 성공하는 자살자의 20~40배 정도로 추산되고 있다. 한국에서는 1년에 약 1만 5000명의 자살자가 발생하므로 매년 30만~60만 명이 자살을 시도한다고 추정할 수 있다. 실제로 자살을 시도해 응급실에 실려 오는 사람만 연간 4만 명에 육박한다.[12] 참고로, 보건복지부의 2011년 정신질환 실태 역학조사는 1년 동안 자살 시도를 한 사람의 수를 약 10만 8천 명으로 추산하고 있다.[13]

자살 시도자가 이렇게 많다면 당연히 '자살 생각'을 하는 사람은 더 많을 것이다. 최근의 한 조사에 의하면 평생 동안 자살을 생각하는 사람이 전체 성인인구 대비 15.6%이다. 이것은 일반 성인 중에서 15.6%가 평생 한 번 이상은 진지하게 자살에 대해 검토했음을 의미한다. 또한 자살을 계획했던 사람의 비율은 3.3%이고, 자살을 시도했던 사람의 비율은 3.2%였다. 보건복지부의 집계에 의하면 자살을 생각하는 사람은 약 500만 명, 계획하는 사람은 약 200만 명, 자살을 실제 시도하는 사람만 약 15~30만 명에 달한다.[14]

자살과 관련된 공식적인 통계자료를 전적으로 신뢰할 수는 없지만, 자살 통계는 일정 정도 진실을 반영하고 있으므로 그것을 적절히 활용할 필요가 있다. 그러나 동시에 우리는 자살 문제가 공식적인 통계자료, 공식적으로 집계된 자살자의 수 이상으로 심각하다는 점을 항상 명심해야 할 것이다.

자살로 망해 가는 나라

한국사회는 과연 자살 문제를 계속 회피하거나 자살 문제를 해결하지 못하는 무능력을 자랑하면서 두 손 놓고 있어도 괜찮은 걸까? 자살은 그 자체가 심각한 문제인 동시에 국가발전, 사회발전에 심각한 장애를 조성한다. 자살은 자살로 사망하는 자살자만이 아니라 사회 전반에 심각한 후유증을 남긴다.

첫째, 자살자는 가족 혹은 가까운 이들에게 치명적인 심리적 상처를 남긴다. 자살은 당사자뿐만 아니라 가족을 포함하는 최소한 6명 이상의 가까운 주변 사람에게 심리적인 충격과 자살 위험을 전염시키며, 그 정신적 후유증은 오랫동안 지속될 수 있다.[15] 자살자의 가족과 친인척, 친구들은 자신이 일부 자살원인을 제공했을지 모른다거나 자살자의 경고 신호를 알아채지 못했고 그 결과 자살을 막지 못했다는 죄책감, 자기를 남겨 두고 떠나간 자살자에 대한 원망 등의 심리를 갖게 된다. 더욱이 가까운 이의 자살은 주변인들에게 나도 자살할지도 모른다는 불안감을 유발하고, 삶이 고통스러우면 자살로 그것을 끝낼 수 있다는 일종의 본보기를 제공한다. 이 모든 것은 궁극적으로 자살자의 주변인이 자살할 확률을 증가시킨다. 자살자의 유가족이 자살을 시도할 확률은 일반인보다 6배나 높다. 1명이 자살을 시도하면 불안, 우울증 등의 정신적 피해를 호소하는 주변 사람이 최소한 6명 발생한다는 연구결과도 있다. 이렇게 따져 보면 연간 180만~360만 명이 자살 피해자가 된다는 결론이 나온다.[16] 한마디로 자살은 그것이 "누구의 자살이든 꽤 멀리까지 충격을 준다"[17]고 말할 수 있다.

둘째, 자살은 사회경제적 비용손실을 초래한다. 자살이 초래하는 사회경제적 비용은 연구방법에 따라 다소 다르다. 어떤 연구에 의하면 3조 383억~3조 856억 원이고, 다른 연구에 의하면 1조 7131억~1조 7150억 원이다. 어쨌든 소극적으로 추산하더라도 자살로 인해 발생하는 사회경제적 비용은 최소 1조 2천억 원에서 최대 3조 1천억 원 정도라고 할 수 있다.[18] 경제적으로 계산하는 것이 불가능한 정신적인 손상은 제외하더라도 자살로 인한 노동력 상실, 치료비 부담, 가족의 의료비 증가와 같은 사회경제학적인 비용과 손실은 2004년도의 경우 최대 약 3조 원으로 추산되고 있다.[19]

셋째, 자살은 심리적인 손상, 비경제적인 손실을 초래함으로써 사회의 유지·발전을 위협한다. 물질중심적, 경제주의적 세계관이 지배하고 있는 한국사회는 모든 것을 손익계산의 견지에서 바라보는 데 익숙해져 있다. 그래서인지 인간의 목숨을 두고서도 손익 계산에만 집착하는 경향이 있다. 저열한 물질주의적, 경제주의적 세계관에 따르면 가족 중에 돈은 벌어 오지 못하면서 밥만 축냈던 할아버지의 죽음은 피해가 아니라 오히려 가족에게 경제적 도움이 될 것이니 '잘 죽었다'고 평할지도 모른다. 하지만 과연 할아버지의 죽음을 물질주의적, 경제주의적 세계관에 기초해 돈으로만 계산하는 것이 옳은 것일까? 만일 할아버지가 가족을 이끌던 정신적 지주였고 화합의 구심점이었다면, 나아가 아버지나 손자들의 행복에 큰 영향을 미치는 중요한 존재였다면 할아버지의 죽음은 가족에게 돈으로는 절대로 계산할 수 없는 커다란 후유증을 낳을 것이다. 이와 마찬가지로 크건 작건 어떤 인간의 죽음은 사회에 돈으로는 계산할 수 없으며, 돈으로 계산해서도 안 되는 심각한 피해를 초래한다. 일단 한 인간의 사망은 있어도 그만, 없어도 그만인 한 인간의 육체가 사회에서 사라지는 것만을 의미하지 않는다. 한 개인이 특정 사회에서 태어나 자라나고 살아가는 과정에서 그에게는 부모와 주변 사람들의 정신적, 물질적 도움이 제공될 뿐만 아니라 학교, 사회, 국가 등 다양한 차원에서의 사회적 자원이 투입된다. 한마디로 한 개인에게는 막대한 사회의 자원이 투자되고 그는 사회인이 된 후 사회를 위해 봉사함으로써 다시 이 사회적 자원의 형성에 기여한다. 이렇게 사회는 유지되고 발전되는 것이다. 따라서 사회적 견지에서 볼 때, 자살은 단지 한 개인이 삶을 마감하는 문제가 아니라 막대한 사회적 투자자가 사라지는 것으로서 사회의 유지·발전에 지장을 초래한다. 사회적으로 그다지 중요한 역할을 수행하지 않는 평범한 개인의 죽음조차 어떤 식으로든 사회의 유지·발전에 지장을 초래한다면, 사회적 역할이 컸던 인물의 자살은 더욱 심각한 후유증을 남길 것이라고 예상할 수 있다. 결론적으로 자살은 이 세상에서 한 개인의 생명이 사라지는 차원을 넘어서서 사회를 떠받치고 있는 하나의 기둥을 무너뜨리는 반사회적 역할을 한다고 말할 수 있다.

나는 일찍이 2010년에 출간된 『불안증폭사회』에서 세계 최고 수준의 자살률과 세계 최저 수준의 출산율을 두고 한국인이 멸종을 향해 나아가고 있다고 경고한 바 있다. 그때로부터 6년이라는 세월이 지났지만 지금도 여전히 한국에서는 삶을 끝내고 싶은 사람은 나날이 늘어나고 있는 동시에, 사랑하는 자식들을 헬조선인 한국사회에 내보내지 않으려는 젊은이들의 숫자도 점점 더 증가하고 있다. 단순하게 인구 추이로만 보더라도 한국사회가 멸망을 향해 나아가고 있음을 알 수 있다는 과거의 주장을 6년여의 세월이 흐른 지금에 와서 다시금 반복해야만 하는 현실에 비통함을 금치 못할 뿐이다.

자살을 없앨 수 있는가?

———————

　한국의 자살 문제가 워낙 심각하다 보니 그동안 국가적 차원에서 그리고 민간 차원에서 나름대로 자살 예방을 위한 여러 가지 노력을 진행해 왔다. 2008년에는 한국자살예방협회가 창립되었다. 2011년 3월에 '자살 예방 및 생명존중문화 조성을 위한 법률'이 제정되어 정부 차원의 자살 예방사업이 시작되었으며, 2013년에는 전국적인 자살 실태조사가 이루어졌다. 그러나 한국의 자살률은 좀처럼 줄어들 기미가 보이지 않았고, 이것은 한국인들에게 자살 문제에 대한 일종의 패배주의를 확산시켰다.

　비록 잘못된 것인 줄은 알고 있지만 그것이 이미 대세가 되어버리고 자신에게 그것을 거역할 힘이 없다는 뼈아픈 자각은 패배주의와 체념, 나아가 무관심을 낳는다. 그 결과 『자살론』의 저자인 천정환 씨의 말처럼 "오늘날 한국에서 자살은 그야말로 일상적이고 '만연한' 사건"[20]이 되어버린 것이다. 물론 아직은 이 같은 현상에 대해 개탄하면서 사람들의 각성을 촉구하는 목소리가 간간히 울려나오고는 있다.

자살은 일상이 됐다. 그래서인지 다들 무덤덤하다. 금기시하고 쉬쉬한다. 솔직히 죽은 자들을 언급하는 일은 몹시 불편하다. 그래도 이제 자살을 말해야 한다. 자살은 사회적 질병이다. 복지정책과 심리 상담으로 예방이 가능하다. OECD 회원국들은 최근 20년간 예방 프로그램을 통해 자살률을 평균 20%, 핀란드는 50%나 줄였다. 최근 10년간 한국의 자살자 수는 약 15만 명. 9년간 이어진 이라크 전쟁 사망자 수(3만 9000명)의 4배다. 그들은 결코 이상한 사람이 아니다. 우리 이웃이고 가족이다. 더 이상 자살을 외면해선 안 된다.[21]

한국인이 자살 문제에 대해 별다른 반응을 보이지 않게 된 이유 중의 하나는 그동안의 자살예방책이 별다른 효과가 없었기 때문이다. 위의 『한국일보』 사설은 다른 OECD 회원국들처럼 자살예방 프로그램을 잘 가동하면 자살률을 줄일 수 있다고 낙관적으로 얘기하지만 과연 그럴까?

2016년 9월 9일, MBC뉴스는 「자살률 12년째 세계 1위, 10만 명당 27명 극단적 선택」이라는 제목으로 자살 문제를 다뤘다. 자살을 줄이려면 어떻게 해야 하는지에 대해서도 당연히 전문가들의 인터뷰를 이용해 친절하게 설명을 해 주었다. 그런데 인터뷰에 응한 전문가들의 처방은 서로 달랐는데, 강북삼성병원 정신건강의학과 임세원 교수는 이렇게 조언했다.

"자살을 생각하는 사람이 실제 자살 시도로 이어지는 데 있어서 가장 중요한 위험 요인이 우울증입니다."

임 교수에 의하면 자살의 가장 중요한 원인은 우울증이다. 만일 그의 말이 옳다면 우울증 치료에 전력을 다하면 자살은 줄어들 것이다. 반면에 인터뷰에 응한 또 다른 전문가인 서울대병원 정신건강의학과 안용민 교수는 "사회 구조적인 문제, 복지의 문제, 국민의 행복권의 문제, 이렇게 생각하고 접근해야지 개인의 문제라고 생각하면 안 될 것"이라고 주장했다. 만일 그의 말이 옳다면 우울증 치료만으로는 자살률을 낮출 수 없을 것이므로 사회 구조를 개혁하고 복지제도를 확충하며 국민의 행복권을 신장시켜야 한다. 한마디로 자살을 개인의 문제, 개인이 앓는 우울증의 문제로 치부하면 자살을 예방할 수도 줄일 수도 없다는 것이다. 과연 누구의 말이 옳은 것일까? 아마 방송국 사람들도 누구의 말이 옳은지 명확한 판단을 할 수 없었던 것 같다. 그랬기 때문에 본질적으로 서로 상반된다고 할 수 있는 두 전문가의 인터뷰 발언을 모두 방송에 내보냈을 것이다.

한국사회가 자살 문제를 해결하고 싶다면, 한국이 자살 공화국이라는 오명을 벗어던지고 싶다면 무엇보다 자살의 원인에 대해서부터 분명하게 짚고 넘어갈 필요가 있다. 그래야 옳은 처방전이 나올 것이고 비로소 자살률을 끌어내릴 수 있을 것이기 때문이다. 결국 우리는 무엇보다 다음과 같은 두 가지의 근본적인 질문에 대해 명확한 대답을 제시할 수 있어야 한다.

"자살의 본질은 무엇인가?"
"인간은 왜 자살하는가?"

2부

자살이란?

자살이란?

———

자살 연구의 선구자인 에밀 뒤르켐Emile Durkheim은 자살을 "희생자 자신이 일어나게 될 결과를 알고 행사하는 적극적 혹은 소극적 행위에서 비롯되는 직접적 혹은 간접적 결과로 일어나는 모든 죽음"[22]이라고 정의했다. 이 정의에 따르면 지나친 음주, 천식 환자가 담배를 끊지 않는 것, 당뇨가 있는 사람이 음식을 제한하지 않는 것, 병세가 심각하기는 하지만 충분히 치료가 가능한데도 치료를 거부하는 것[23] 등도 자살에 포함된다. 건강 악화를 방치하거나 자신의 건강을 치명적으로 해치는 폭음이나 약물(마약류) 복용 등을 멈추지 않음으로써 죽음을 향해 서서히 나아가는 부류의 자살을 '장기 분할 자살'[24] 혹은 간접적 자살, 느린 자살, 점진적 자살 등으로 부른다. 나는 이런 자살을 '소극적 자살'로 부르는 것이 좋다고 생각하는데, 명칭이야 어떻든 여기에서 말하고자 하는 것은 만일 뒤르켐처럼 자살의 개념을 폭넓게 정의할 경우에는 장기 분할 자살 등이 자살에 포함된다는 사실이다. 그런데 장기 분할 자살을 자살에 포함시키면 자살의 범위가 너무 광범위해지고 통계를 작성하는 데에도 어려움이 초래될 수 있다. 따라서 원칙적으로는 장기 분할 자살도 자살에 포함하는 것이 옳겠지만, 일반적으로 자살 문제를 다룰 때는 장기 분할 자살 등은 제외할 수밖에 없다. 이런 이유로 인해 뒤르켐처럼 자살을 '모든 자발적 죽음'으로 정의하지 않고 자살을 단지 '자신의 행위로 인해 즉각적인 죽음을 예상할 수 있는 적극적 행위'로 규정하는 자살 개념에 대한 협의의 정의가 등장했다. 이 정의에 의하면 '즉각적인 죽음을 예상'하지 못한다는 측면에서 순교 등과 같은 죽음을 유발하는 행동, 폭음이나 약물복용과 같은 '장기 분할 자살'은 자살에서 제외되며, '적극적인 행위'가 아니라는 측면에서 안락사나 의사 조력 자살과 같은 행위 등도 자살에서 제외된다.[25]

자살에 대한 정의가 복잡해지자 1968년 세계보건기구는 자살을 다음과 같이 정의했다.

"자살이란 죽음에 대한 의지를 지니고 자신의 생명을 해쳐서 죽음이라는 결과에 이르는 자멸행위다."[26]

일반인들에게는 세계보건기구의 정의조차 다소 장황하게 여겨질 것이므로, 이 글에서는 편의상 '자신을 의도적으로 죽이는 행위'라는 자살에 대한 간단한 정의를 사용할 것이다. 이 정의에 의하면 '의도성'이 자살이냐 아니냐를 가르는 핵심적인 기준이 된다. 따라서 등산을 갔다가 실수로 발을 헛디뎌 추락사한 것은 자살이 아니지만, 일부러 발을 헛디뎌 추락사한 것은 자살이다. 다만 여기에서 '자신을 죽이는 행위'는 장기 분할 자살처럼 소극적으로, 점진적으로 자기를 죽이는 행위가 아니라 적극적으로, 즉각적으로 자신을 죽이는 행위로 해석되어야 할 것이다.

자살에 대한 태도

전통적으로 서구사회의 자살에 대한 태도는 부정적이었다. 비록 일부 예외를 인정하기는 했지만, 고대 그리스의 철학자인 플라톤은 '자살이란 우리의 신체에서 우리 영혼을 스스로 풀어 주는 것을 뜻하기 때문에 신의 뜻에 위배되는 잘못'이라고 말했다. 그는 '자살은 매우 수치스러운 것'이므로 자살자는 '묘비도 없이 묻혀야만 한다'[27]고 주장했다. 아리스토텔레스 역시 자살을 '불법적인 것이고 벌을 받아 마땅한 것'으로 보았다. 다만 서구사회의 경우에도 초기 기독교는 자살을 적대시하지 않았다. 심지어는 신도들에게 영생을 약속함으로써 자살을 조장하는 측면까지 있었다. 그러나 영생을 목적으로 자살하는 사람들이 걷잡을 수 없이 많아지자 서구 기독교는 6세기경 자살에 대한 기존의 태도를 바꾸었고 사회적 지위나 이유, 방법에 상관없이 자살자들의 장례식을 거부하기 시작했다.[28] 기독교가 사람들의 정신세계를 지배하던 서구사회에서 자살에 대한 이런 부정적인 태도는 계속 이어졌다. 중세 교회는 '신체에 대해 인간은 단지 사용권을 가질 뿐이며, 하느님께서 지배권을 갖기 때문에 자살은 인간존재와 하나님의 관계를 무효화시킨다'며 자살을 반대했다. 중세 교회를 반대하면서 탄생한 프로테스탄트 역시 종교개혁가 루터가 자살을 '악마의 소행이라고 비난'한 것에서 알 수 있듯이, '자살 행위를 가차 없이 비난'했다.[29] 이렇게 고대 그리스의 철학자부터 근대 프로테스탄트 이론가들까지 서구의 사상이론가들은 적어도 자살에 대해서는 한목소리를 냈는데, 그것은 '자살은 나쁜 행위이다. 따라서 비난받아야 마땅하다'는 것이었다.

서구의 사상이론가들이 자살을 부정적으로 묘사했던 까닭은 무엇보다 서구사회에 자살이 꽤나 빈발했기에 자살을 옹호하거나 미화할 경우, 노동력 상실을 초래할 위험이 컸기 때문이다. 노예제 국가였던 고대 그리스의 철학자인 플라톤이나 아리스토텔레스는 노예제도 덕분에 마음껏 철학적 사유를 할 수 있었던 지배층에 속해 있었다. 고대 그리스의 지배층에게 자살은 곧 노예의 상실이자 노동력의 상실로서 손해 막심한 일이었다. 초기 기독교가 자살을 비난하지 않았던 것은 초기 기독교가 지배층의 종교라기보다는 억압당하고 착취당하는 민중의 종교였다는 사정과 관련된다. 중세 교회는 중세의 봉건귀족 세력과 함께 민중을 지배하는 권력자였고 프로테스탄트 역시 신흥자본가계급의 이익을 대변했다. 농노의 노동 혹은 노동자의 노동을 필요로 했던 지배층이었던 이들에게 자살이란 마찬가지로 노동력의 상실을 의미했다. 한마디로 서구의 사상이론가들이 자살을 부정적으로 대했던 것은 그들이 지배층의 이익을 대변했다는 사실과 밀접한 관련이 있다. 뒤에서 다시 언급하겠지만, 서구사회와는 달리 자살자가 많지 않았고 우울이나 고독 등으로 인한 전형적인 서구적 자살이 거의 없었던 한국에서는 전통적으로 자살을 너그럽고 동정적인 시선으로 바라보는 편이었다.

서구사회에서 자살에 대한 동정적인 시선이 출현한 것은 존 던의 『자살론』이 출간되면서부터라고 할 수 있다.[30] 서구사회에서 자살에 대한 부정적인 시각에 결정적인 타격을 가하고 자살에 대한 객관적인 이해를 촉진한 것은 뒤르켐이다. 던이나 뒤르켐 등의 자살 이론이 등장할 수 있었던 것은 서구사회가 자본주의화됨에 따라 자살자가 폭증했기 때문이다. 비록 서구인들은 자본주의적 변화를 '근대화' 혹은 '현대화' 등으로 교묘하게 포장하고 있지만, 서구사회의 자본주의로의 전환 그리고 자본주의의 가장 악질적인 모델인 신자유주의 체제로의 전환과 자살 증가는 불가분의 관계에 있다. 예를 들어 세계보건기구WHO와 국제자살예방협회IASP의 발표에 따르면 신자유주의 시대가 정착된 21세기 들어 매년 전 세계적으로 100만 명에 이르는 사람들이 자살로 목숨을 끊었다. 이것은 살인(50만 명)과 전쟁(23만 명)의 희생자를 합한 것보다 많은 수치로서 오는 2020년에는 자살자가 매년 150만 명으로 늘어날 것으로 예측된다.[31] 한국 역시 신자유주의의 물결이 사회 전역을 휩쓸기 시작하는 90년대를 기점으로 자살자가 폭증했다.

자살을 터부시하며 비난하는 구태의연한 시각이나 견해로는 자본주의의 등장과 함께 본격화된 자살률의 증가를 이해할 수 없었고, 그것에 제대로 대처할 수 없었다. 이로부터 자살에 대한 과학적인 인식의 필요성이 대두되었고, 그런 시대적 요구에 대답한 것이 바로 뒤르켐이었다고 말할 수 있다. 뒤에서 다시 언급하겠지만 뒤르켐은 자살을 하나의 사회현상으로 이해했다. 다시 말해 자살의 주요한 원인이 개인보다는 사회에 있다고 보았던 것이다. 그에 의하면 사회의 자본주의화에 필연적으로 동반되는 아노미 현상 Anomie 등이 자살을 유발한다. 여기에서 아노미 현상이란 사회구성원의 심리나 행위를 규제하는 사회집단의 공통된 가치나 도덕적 규범이 상실된 정신적 혼돈상태를 의미한다. 비록 서구인들의 경우 전통적으로 개인주의 심리가 강하기는 하지만, 자본주의 이전까지의 서구사회는 기본적으로 집단주의 사회 혹은 공동체주의 사회였다. 한국의 경우에도 조선 시대에 대부분의 개인들은 작은 범위에서는 농촌공동체, 큰 범위에서는 조선이라는 국가공동체에 소속되어 살아갔다. 조선 시대의 공동체는 공동체 구성원들에게 전통적인 가치관과 더불어 유교적 가치관을 제공했고 개인들은 이를 받아들여 자기 정체성을 확립했다. 또한 조선 시대의 개인들은 공동체에 소속되어 공동체의 구성원으로 살아가는 과정에서 삶의 의미를 발견할 수 있었다. 예를 들면 조선 시대의 개인들은 농민, 조선인으로서의 정체성에 기초해 성인(聖人, 간단히 말하면 사회에 기여하는 성숙한 인격을 가진 완전한 사람을 의미한다)이 되는 것을 인생목표로 삼고 살아갔다. 한국인들이 좋아하며 흔하게 사용하는 '사람답게 살고 싶다'는 말은 유교적 가치관에 기초하고 있는 이런 인생목표와 관련이 있다. 반면에 자본주의사회는 인류역사상 집단주의가 아니라 개인주의가 전 사회를 지배하게 되는 첫 사회이다. 자본주의사회는 본질적으로 자본가들 사이의 개인주의적 경쟁, 나아가 노동력을 판매하는 노동자들 사이의 개인주의적 경쟁에 기초해 굴러가는 사회, 즉 개인주의 원리에 의해 작동하는 사회이기 때문이다. 인류역사에 자본주의가 등장함에 따라 긴 세월 동안 유지되어 오던 민중의 공동체는 급속히 해체되기 시작했다. 한국도 한국전쟁 이후 산업화가 추진되던 시기에 농촌공동체가 해체되기 시작했고, 1990년대 이후 신자유주의가 전면화되던 시기에는 거의 모든 기층 공동체가 해체되었다. 개인주의 원리에 기초하고 있는 전형적인 자본주의사회에서는 건강한 공동체가 존재할 수 없기 때문에 자본주의 국가나 사회는 개인들에게 공통된 가치나 규범 등을 제공해 주지 못한다. 자본주의사회가 개인들에게 공통적으로 제공하는 가치나 규범이란 '이웃과 싸워 이겨야 한다', '이웃을 믿지 말고 사랑하지 말라', '너는 혼자다. 너 혼자 잘 먹고 잘살면 된다. 남들에 대해서는 신경 끄고 살라'와 같은 개인이기주의적인 잡설들뿐이다. 이런 개인이기주의적인 가치나 규범은 사람들을 공동체로 묶어 주거나 하나로 이어 주는 공통적인 가치나 규범이 아니기 때문에 개인들에게 건전한 정체성이나 삶의 의미를 제공해 주지 못한다. 사회적 존재인 사람에게 가장 중요한 정체성은 사회집단에 대한 소속감에 기반을 두고 있는 집단정체성이다. '나는 선생님이다, 나는 군인이다, 나는 학자다'와 같은 정체성은 사회집단 혹은 공동체에 대한 소속감을 느낄 때 확립될 수 있다. 즉 정체성은 개인들이 소속감을 강하게 느끼는 사회집단이나 공동체가 있느냐 없느냐에 의해 크게 좌우된다는 것이다. 삶의 의미 역시 마찬가지다. 사회집단이나 공동체에서 분리되어 개인 단위로 살아가는 고독자는 삶의 의미를 발견할 수 없다. 사회적 존재인 사람이 사회에서 분리될 경우 그는 본질적으로 사람이 아닌 동물일 뿐이다. 생물학적 욕구만 충족되면 만족할 수 있는 동물에게는 삶의 의미가 필요 없다. 생물학적 존재가 아닌 사회적 존재인 사람은 지구상에서 유일하게 삶의 의미를 필요로 하는 생명체다. 따라서 사람이 사회와 연결된 사회적 존재로서 살지 못하고 사회에서 분리된 동물처럼 산다고 해서 삶의 의미가 필요 없어지는 것은 아니다. 사람은 어디까지나 사람이므로 모든 사람은 삶의 의미를 필요로 한다. 그러나 자본주의사회는 사람들에게 사회와 연결된 삶이 아닌 개인 단위의 고립된 삶을 살도록 강요하기 때문에 자본주의사회에서 개인들은 삶의 의미를 발견할 수가 없다. 이런 점에서 뒤르켐이 강조했던 아노미 현상이란 사회적 존재인 사람에게 사람다운 삶을 허락하지 않는 자본주의사회에 특유한 병적 현상이라고 말할 수 있다. 어쨌든 자살 분야의 선구자인 뒤르켐 덕분에 그나마 서구사회에서 자살을 백

안시하거나 터부시하는 풍조는 줄어들었고, 자살을 개인 탓으로 돌리던 비과학적인 견해도 힘을 잃게 되었다. 물론 오늘날에도 교묘한 언사를 동원해 자살을 개인 문제로 치부하려는 시도는 계속되고 있지만, 자살을 하나의 사회 현상으로 이해하려는 견해가 여전히 힘을 잃지 않고 있는 데에는 뒤르켐의 공헌이 크다고 해야 할 것이다.

계획적 자살과 충동적 자살

─────────

자살 중에서 상대적으로 긴 시간 동안 생각되고 준비되어 왔던 계획이 실행되어 사망하는 자살을 계획적 자살이라고 한다. 상당 수의 자살 연구자들은 대부분의 자살이 계획적 자살이라고 주장 한다. '대부분의 자살은 깊고도 오랜, 반복되고 누적된 절망, 갑갑 하고 초라한 일상 때문에 천천히 예비된 것일 가능성이 높다'[32]는 말처럼, 대부분의 자살은 긴 시간동안 누적된 여러 원인에 의해 발생하는 최종적인 사건이라는 것이다. 반면에 일부 자살 연구자 들은 충동적 자살이 더 많다고 주장한다. 충동적 자살이란 간단히 말해 자살에 대한 사전 계획 없이 충동적으로 자살하는 것을 말한 다. 충동적 자살이 다수임을 주장하는 근거로는 자살자 5~6명 중 에서 1명만이 유서를 남긴다는 것, 자살을 기도해서 병원 응급실 에 실려 온 환자들 중에서 면담이 가능했던 사람들을 대상으로 실 시된 한국의 자살의도 검사에서 충동적으로 자살을 기도했다는 질문에 전체 응답자의 56.2%가 그렇다고 대답[33]했던 것 등이 제시되곤 한다. 참고로 이 조사에 의하면 여성이 남성보다, 나이가 어린 사람이 많은 사람보다, 미혼이 기혼보다, 혼자 거주하는 사람이 공동으로 거주하는 사람보다 더 충동적인 자살을 많이 시도했다. 그러나 유서를 남기지 않았다고 해서 그것을 충동적인 자살로 간주할 수 있느냐는 반론은 차치하고라도 충동적 자살이 과연 자살 생각이나 계획 없이 즉흥적으로 발생한 것인가에 대해서는 광범위한 반론이 존재한다. 다양한 자살사건을 조사한 결과에 기초해 『심리부검』이라는 저서를 출간한 서종한은 이 책에서 "자살을 행동으로 옮기는 순간은 즉흥적으로 결정될 수도 있지만 자살의 방식은 오랫동안 생각하거나 준비해 온 듯 보였다. 그들은 주변 공간을 선택하고 쉽게 구할 수 있는, 즉 익숙하고 자연스러운 도구들을 이용한다"[34]고 지적했다. 얼핏 보기에는 충동적 자살처럼 보이는 자살일지라도 실제로는 계획적 자살일 가능성이 크다는 것이다. 사실 상식적으로 생각해 보더라도, 평소에 자살에 관한 생각을 한 번도 하지 않거나 거의 하지 않는 사람이 극심한 스트레스를 받는다고 해서 충동적으로 자살한다는 주장을 선뜻 믿기는 어렵다. 즉 충동적 자살이란 정신건강이 양호하지 않아서 평소에 자살을 자주 생각했던 사람이 극심한 스트레스 상황에서 심리적 혼란상태에 빠져 자살을 실행하는 것일 뿐이라는 말이다. 따라서 겉보기에 충동적으로 자살하는 것처럼 보일지라도 자살은 기본적으로 계획적 자살이거나 장기간의 자살 원인 누적이 충동

적으로 표현된 것으로 이해해야 한다. 한마디로 순수한 의미에서
의 충동적 자살이란 존재할 수 없다는 것이다.

자살위기자의 충동은 단 한 번의 자살 생각으로 자살에 이르는 경
우를 의미하는 것이라기보다는 오랫동안 생각하고 실험해 보고 계
획했던 자살생각이 어느 순간 폭발하는 듯이 나타나는 형태를 의
미하는 것이다. 즉, 자살 생각이 자살에 이르는 데 있어서는 시간
이 필요하다.[35]

도구적 자살

넓은 의미에서 보면, 모든 자살은 자살 그 자체가 목적이라기보
다는 다른 목적을 달성하기 위해서 자살을 도구로 이용한다는 측
면을 가지고 있으므로 모든 자살을 다 도구적 자살이라고 해도 무
방하다. 극심한 신체적, 정신적 고통을 끝내기 위한 자살의 경우
에도 자살 그 자체가 목적이 아니라 고통을 끝내겠다는 것이 목적
이다. 모함을 당해 억울함으로 고통받다가 명예회복을 위해 자살
하는 경우도 자살 그 자체가 목적이 아니라 자신의 억울함을 세상
사람들에게 알리고 죽어서라도 명예를 회복하는 것이 목적이다.
이렇듯 모든 자살은 원칙적으로 자살 혹은 죽음 그 자체가 목적이
아니라 다른 목적을 위해 최후로 사용하는 도구이다.

대표적인 도구적 자살 중의 하나는 복수를 목적으로 하는 자살
이다. 자신을 괴롭혔던 사람에 대해 복수하기 위한 자살은 물론
이고, 자신을 사랑해 주지 않았던 가까운 이들에게 복수하기 위해

자살하는 경우가 있다. '내가 너희를 원망하며 자살하면 너희도 고통스럽겠지'라는 기대, '내가 자살한다면 너희는 분명 미안해하겠지', '내가 자살하고 나면 너희도 슬퍼하겠지'라는 의도를 품고 자살함으로써 주변 사람들에 대한 증오와 적개심을 표출하는 동시에 그들을 죄책감에 시달리면서 살게 하려는 자살을 예로 들수 있다. 1998년에 자살했던 35세의 남성은

"저는 결코 은행돈, 빚 때문에 죽는 것이 아닙니다. 저는 하느님만 아십니다. 열심히 살려고 해도 저를 믿어 주지 않는 것이 괴롭습니다. 추신 : 그 여자를 처벌해 주십시오."[36]

라는 유서를 남김으로써 복수를 목적으로 자살한다는 것을 노골적으로 드러냈다. 반면에 2003년에 자살했던 27세의 남성은

"그래도 다행이네요. 남겨 놓은 것과 좋았던 추억이 짧아서 말이에요. … 엄마를 정말 원망 많이 했어요. 하지만 이제는 엄마를 용서할래요. … 엄마가 우리 3형제에게 항상 매질하고 밥 굶기고 학대하고 했어요. 엄마는 형하고 누나의 친엄마이잖아요."[37]

라는 유서를 남겼다. 이 남성은 유서에서 비록 엄마를 용서한다는 말을 하기는 했지만, 유서에는 엄마를 죄책감에 시달리게 만들려는 의도가 드러나 있다. "자살자들은 일상의 공간에서 함께하

던 주변 사람들에게 심대한 충격을 안긴다. 그래서 자살은 그들에 대한 매우 극단적인 공격이다"[38]라는 말에서 알 수 있듯이, 일부 자살 연구자들은 대부분의 자살이 주변 사람들에 대한 공격의도 를 포함하고 있다고 주장하기도 한다.

복수를 목적으로 하는 자살보다 좀 더 전형적인 도구적 자살은 정치적 목적이나 신념을 실현하기 위한 자살이다. 정치적 목적 중의 하나인 집단을 위한 자살은 인류역사에 항상 존재해 왔다. 고대 스키타이족의 노인들은 더 이상 유목생활을 하기 어려워지 면 스스로 목숨을 끊었고 그것을 가장 명예로운 죽음으로 간주했 다.[39] 자식을 구하기 위해 자신의 목숨을 희생하는 부모, 동료들을 구하기 위해 자신의 목숨을 희생하는 군인, 나라를 위해 자살을 선택하는 애국자들은 어느 시대 어느 나라에나 존재한다. 한국의 경우 1970년대에 노동자였던 전태일 열사가 "우리는 기계가 아니 다. 근로기준법을 준수하라!"는 구호를 외치며 분신자살한 이후 1980년대 들어 정치적 목적을 달성하기 위한 대학생들의 자살이 연달아 발생했다.

정치적 목적이나 신념을 위해서 혹은 집단을 위한 자살도 자살 로 분류해야 할까? 이런 도구적 자살도 죽기를 의도하고 스스로 목숨을 끊었다는 점에서 보면 분명 자살에 포함되어야 한다. 하 지만 이런 자살은 극심한 고통에서 도망치기 위해 죽는 것이 아니 라 죽음보다 더 중요한 목적이나 가치를 실현하기 위한 목적의식 적이고 적극적인 행동, 특히 자기의 죽음에 스스로 의미를 부여할 수 있는 자살이라는 점에서 통상적인 자살과는 구분된다. 상당수의 자살 연구자들이 "다른 사람의 생명이나 안전을 위해 스스로 희생하는 경우, 독재에 항거해 죽음을 택하는 경우 … (등은) '자살'의 범위에서 아예 제외해야 한다"[40]고 주장하는 이유가 바로 여기에 있다.

나는 원칙적으로 정치적 목적이나 신념을 실현하기 위한 자살도 자살에 포함하는 것이 옳다고 생각한다. 그러나 이 글의 주요한 관심사와 논의는 정치적 목적이나 신념을 실현하기 위한 자살이 아닌 통상적인 의미의 자살에 있음을 기억해 주기 바란다.

자살의 원인

"인간은 왜 자살을 하는 걸까?"

자살 문제와 관련해 일반인들 그리고 연구자들이 가장 궁금해
하고 관심이 있는 것은 자살의 원인이다. 자살의 원인을 밝혀내는
것은 자살을 이해할 수 있는 지름길이고 자살을 예방하는 데에도
도움이 된다. 기존의 자살 이론들은 대체로 자살의 원인을 다음과
같이 분류하고 있다.

① 생물학적 원인

유전적으로 타고난 생물학적 취약성이 자살에 영향을 미친다.
당연한 말이지만 우울증, 조현병(정신분열증), 알코올중독 등에 취
약한 유전자를 가지고 태어난 사람이 그렇지 않은 사람보다 자살

할 가능성이 높다. 그러나 유전적 요인이 자살에 영향을 미치는 것은 맞지만, 그것이 자살의 주요한 원인은 아니다. 미세먼지 농도가 올라가면 호흡기 질환에 걸리는 사람이 생겨난다. 이때 호흡기 질환을 앓는 사람은 당연히 유전적으로 취약한 사람일 것이다. 그렇다면 호흡기 질환의 원인은 미세먼지일까 아니면 유전적 취약성일까? 한국의 경우 90년대 이후의 20여 년 사이에 자살자가 4배 이상이나 증가했다. 그렇다면 이 기간에 자살에 취약한 유전자를 가진 한국인들이 갑자기 급증해서 이런 결과가 발생했을까? 생물학적 원인으로는 이런 현상을 설명할 수 없다. 따라서 자살의 원인이 유전적 취약성이라고 주장하는 것은 본말을 전도하는 궤변이다. 즉 자살의 생물학적 원인을 부정할 까닭은 없지만 그것이 매우 부차적임을 명심해야 한다는 것이다.

유전적 취약성 외에도 알코올과 약물이 자살에 영향을 미친다. 자살하는 성인 중에서 3분의 1은 자살 전에 술을 마신다. 또한 알코올 중독은 궁극적으로 인생과 건강을 망치므로 알코올 남용은 서서히 자살에 이르는 시도일 수 있다. 알코올 의존자의 40% 정도는 적어도 한 번 이상 자살을 시도했고, 7% 정도가 자살로 생을 마감한다는 연구결과도 있다.[41] 약물 역시 자살에 알코올과 유사한 악영향을 미친다. 그러나 유전적 취약성과 마찬가지로 알코올과 약물은 자살의 주요한 원인 혹은 1차적인 원인은 아니다. 사람들을 알코올이나 약물에 의존하게 만드는 이유가 이미 존재했을 것이기 때문이다. 예를 들면 직장 상사에게 부당한 대우를 받아

알코올을 남용하게 되었다면 자살의 주요한 원인은 알코올 의존이 아니라 직장 상사의 학대행위이다.

신체 질환도 자살에 영향을 미치는 것으로 보고되고 있다. 특히 만성질환, 장애 유발질환, 그리고 예후가 좋지 않은 질환의 경우에 자살률이 높다. 암 환자의 경우에는 진단 후 5년간 자살의 위험이 증가하며, 노인의 경우 특히 신체적 질환과 관련된 자살 위험성이 높다.[42] 신체 질환 역시 자살의 주요한 원인은 아니지만 신체질환이 초래하는 고통은, "얻은 것은 당뇨, 고혈압·중풍·통증으로 하루하루가 고통스럽다. … 아니, 외로움과 마음이 더 아프다"[43]는 한 자살자의 유서처럼 외로움과 같은 다른 자살 원인과 결합되면 자살 행동에 영향을 미칠 수 있다.

생물학적 원인은 자살의 주요한 원인이 아니기 때문에 자살의 생물학적 원인에 대한 연구만으로는 자살을 이해할 수도 없고 자살을 예방하거나 줄일 수도 없다. 물론 알코올 중독 등을 치료하는 것도 자살예방에 어느 정도는 도움이 되지만 그것은 어디까지나 미봉책에 불과하다고 봐야 한다. 다행히도 자살 연구 분야에서는 생물학적 원인을 자살의 주요한 원인이라고 주장하는 이가 그다지 많지 않다.

② 개인적 원인

자살의 개인적 원인으로 가장 크게 주목받아 온 것은 정신장애이다. 일반적으로 자살자의 90% 이상이 정신과적 질환을 가지고 있다. 한마디로 정신건강의 악화가 자살의 원인이라는 것이다.

최근에는 자살자의 50~70%가 우울증을 앓고 있었다거나 자살자의 80% 이상이 심한 우울증을 동반"한다는 사실이 밝혀지면서 주요 우울장애(우울증)가 주요한 자살 원인으로 부각되고 있다. 각종 언론매체에서 우울증이 자살의 주요한 원인이므로 자살을 줄이거나 예방하려면 우울증을 퇴치해야 한다고 열변을 토하는 전문가들을 쉽게 접할 수 있게 된 것이다. 여기에서 한 걸음 더나아가 나날이 생리학화되고 있는 현대 심리학은 우울증의 원인을 세로토닌 부족으로 몰아간다. 그런데 이것은 다음과 같은 한심한 문답을 통해 알 수 있듯이, 자살의 주요한 원인을 생물학적 원인이라고 주장하는 것과 본질적으로 동일한 견해이다.

"자살의 주요한 원인이 뭡니까?"
"우울증입니다."
"그렇다면 우울증의 원인은 뭐죠?"
"세로토닌 부족이죠."
"세로토닌은 왜 부족해집니까?"
"글쎄요? 그건 잘 모르겠는데요."

사실 지금까지의 연구들을 통해서 밝혀진 것은 우울증과 자살 사이에 높은 상관관계가 있다는 것, 우울증과 세로토닌 부족 사이에 높은 상관관계가 있다는 것뿐이다. 이것은 다시 말해 우울증과 자살, 우울증과 세로토닌 부족 사이에 필연적인 인과관계가 증명되지는 않았다는 것이다. 상관관계란 단순하게 말하면 A와 B가 정적인 비례관계에 있음을 의미한다. 어떤 사람이 버스에 탈 때마다 습관적으로 카톡을 한다고 해보자. 이럴 경우 버스 탑승 시간이 많을수록 카톡을 하는 시간도 늘어날 것이므로 둘 사이의 상관관계가 높게 측정될 것이다. 그러나 이 결과를 근거로 카톡을 하는 것이 버스를 타게 만드는 원인이라고 주장한다면 그것은 명백한 사실왜곡이다. 상관관계를 인과관계로 왜곡했기 때문이다. 통계학을 조금만 배워도 상관관계와 인과관계가 다르다는 것쯤은 누구나 알 수 있다. 그럼에도 소위 전문가라는 사람들은 너무나 당연하다는 듯이 자살과 우울증 사이의 상관관계가 높다는 것을 근거로 우울증이 자살의 주요한 원인이라고 주장한다. 물론 우울증을 사회적 질병이라고 주장하는 심리학자들[45]도 있기는 한데, 나도 이런 견해에 동의한다. 뒤에서 자세히 다루겠지만 정신장애의 주요한 원인은 사회적 욕구, 인간적 욕구의 좌절이다.[46] 이것은 사랑의 욕구가 좌절된 결과인 애정결핍이 정신건강 악화의 주범임을 대부분의 심리학자가 인정하고 있는 것만 보더라도 알 수 있다. 따라서 우울증을 포함하는 정신장애를 기존의 자살 이론들에서는 자살의 개인적 원인으로 간주하고 있지만, 대부분의 정신장애는 오히려 자살의 개인적 원인이 아니라 사회적 원인으로 간주되는 것이 옳다고 해야 할 것이다.

기존의 자살 이론은 또한 자살의 개인적 원인으로 사회적 관계의 단절과 그로 인한 고립을 꼽는다. 자살자들의 50%는 가까운 친구가 없었다는 보고가 있다. 물론 과연 나머지 50%의 경우에는 친밀하고 건강한 관계가 존재했는지의 여부에 대해서는 더 많은 연구가 필요할 것이다. 어쨌든 확실한 것은 건강한 사회적 관계의 여부가 자살에 큰 영향을 미친다는 사실이다. 이것은 "개인적인 사랑과 관심을 주변에 베풀어 줄 수 있는 건강한 사람들이 그 사회 안에 얼마나 많은가는 한 사회의 자살률을 좌우한다"[47]는 지적이 보여 주듯, 사회의 건강성이 자살의 원인으로 작용한다는 것을 의미한다. 또한 사회적 관계의 단절 역시 순수한 자살의 개인적 원인이라기보다는 사회적 원인으로 보아야 함을 의미한다.

기존의 자살 이론은 정신장애나 사회관계의 부재 외에도 경제적 문제, 신체적인 문제, 심리적인 문제, 가족·애정 문제 등을 자살의 개인적 원인으로 분류한다. 그러나 지금까지 살펴보았듯이 자살의 개인적 원인과 사회적 원인을 명쾌하게 구분하기란 쉽지 않으며 거의 불가능하기까지 하다. 사람은 사회 속에서 태어나고 성장하여 생활하다가 사망하기 때문에 개인적인 것과 사회적인 것은 항상 뗄 수 없을 정도로 밀접히 관련되어 있기 때문이다. 따라서 독특한 개인사나 경험, 성격적 요인 등은 개인적 원인으로 분류해도 무방하겠지만, 그 외의 나머지는 '(심리)사회적인 원인'으로 분류하는 것이 타당하다고 생각한다.

③ 사회적 원인

만일 에밀 뒤르켐이 『자살론 Le Suicide』(1897)을 출간하지 않았더라면 지금까지도 생물학적이고 개인적인 원인이 자살의 주요한 원인이라고 주장하는 견해가 크게 득세하고 있을지도 모른다. 이런 점에서 뒤르켐의 업적에 대한 다음과 같은 평은 타당하다.

> 뒤르켐의 자살 연구의 가장 탁월한 업적은 자살이 단지 개인적인 문제가 아니라 '사회적 힘'이 작용하는 '사회적 사실'이라는 점을 발견한 것이며, 사회의 변화에 따라 발생하는 아노미라는 심리적 상태가 자살을 발생시키는 가장 중요한 동인이 된다는 점을 드러낸 것이다.[48]

앞에서도 언급했듯이 뒤르켐은 자살을 하나의 사회적인 현상으로 간주했는데, 이것은 자살의 주요한 원인이 사회에 있다는 것을 의미한다. 뒤르켐은 프랑스의 당대 자살 관련 기록을 검토하고 통계분석을 사용해 종교인보다 비종교인이, 종교인 중에서는 가톨릭 신자보다는 개신교 신자가, 기혼자보다 미혼자가 자살률이 높으며, 전시(戰時)보다는 오히려 경제위기처럼 사회적으로 불안정한 시기에 자살률이 더 높아진다는 사실을 발견했다. 일반적으로 비종교인보다는 종교인이 사회관계에 더 깊게 결합되어 있다. 한 개인이 신과 단독으로 대면하는 개신교보다는 질서정연한 교회공동체를 통해서 집단으로 신과 대면하는 가톨릭 신자가 사회관계에 더 깊이 결합되어 있다. 미혼자에 비하면 기혼자는 최소한 가족이라는 사회적 관계에 소속되어 있다. 홀로 생존을 위해서 분투해야 하는 경제위기 시기보다는 사회집단이 공통된 목표를 향해 결속하기 마련인 전쟁 시기에 사람들은 더 끈끈한 사회관계를 맺고 경험할 수 있다. 이 모든 것은 사회관계, 사회통합이 자살에 결정적인 영향을 미친다는 것을 보여 준다. 이로부터 뒤르켐은 공동체가 해체되어 사람들이 개인 단위로 파편화된 사회에서 사회구성원이 서로 밀접하고 친밀한 관계를 맺지 못하거나 공통으로 받아들일 수 있는 목표나 규범을 만들지 못하면 사회적 연대가 약화되고 이것이 자살과 같은 사회적 병리현상을 초래한다고 주장했다.[49] 그는 사회연대 혹은 사회통합을 기준으로 자살을 다음의 4가지로 분류했다.

첫째, 이기적 자살. 개인주의적 성향이 지나친 사람은 사회에 통합되지 못하고 사회에 대한 소속감을 상실할 가능성이 높은데, 이런 사람들의 자살을 이기적 자살이라고 한다. 이기적 자살은 사회연대, 사회통합이 약해질수록 그리고 개인이기주의가 득세하면 할수록 증가한다.

둘째, 이타적 자살. 개인이 고유한 자기 정체성을 상실해 집단의 영광을 위해 개인의 목숨을 기꺼이 바치려고 할 정도로 전체주의화된 사회에서 발생하는 자살이다. 주인을 따라서 자발적으로 죽음을 선택하는 하인이나 노예의 자살, 남편의 사망을 따르는 아내의 자살, 제2차 세계대전 시기의 일본의 가미카제 특공대의 자살 등을 예로 들 수 있다. 뒤르켐에 의하면 이타적인 자살자들은 권위의 요구에 기계적으로 부응하는 비주체적이고 무개성적인 개인이다. 이타적 자살은 광신도 집단이나 파쇼국가처럼 말로는 전체나 집단을 강조하지만 실제로는 극소수 지배자들을 위해 다수의 민중을 억압하고 착취하는 반민중적인 집단이나 사회에서 전형적으로 발생한다.

셋째, 아노미적 자살. 뒤르켐이 가장 중요하게 여긴 자살 유형으로서 사회연대, 사회통합이 약화되어 공통의 인생목표나 규범이 사라지는 것에서 비롯되는 자살이다. 자본주의사회처럼 사람들이 개인 단위로 파편화되어 서로 경쟁하는 사회는 구성원들에게 공통의 인생목표나 규범을 제공하지 못한다. 자본주의사회에서 개인들은 삶의 방향과 의미를 상실해 정신적 혼돈에 빠져 고통을 겪는다. 그 결과 온갖 사회병리 현상이 발생되는데 그중의 하나가 바로 아노미 자살이다. 아노미 자살은 자본주의로의 이행이 자살률을 증가시킨 이유, 경제가 호황일 때에도 자살이 증가하는 이유. 즉 사회연대와 사회통합이 약화되면 자살이 증가하는 이유를 설명해 준다. 아노미 자살은 자본주의사회에서 가장 흔하게 발생하는 자살이라고 할 수 있다.

넷째, 운명론적 자살. 운명론적 자살이란 사회적으로 고립된 사람이 사회적 무력감으로 인해 자기 인생 혹은 삶의 조건을 바꿀 수 있는 능력이 자기한테 전혀 없다고 생각할 때 선택하는 자살이다. 포로수용소에 수용된 포로들이 자살하는 경우를 전형적인 예로 들 수 있다.

뒤르켐의 자살 이론은 당대에는 물론이고 지금까지도 커다란 영향력을 발휘하고 있다. 즉 집요할 정도로 사회 문제를 개인의 문제로 환원하려는 "'심리학적 이론' 등과 같은 비사회학적 이론들을 제외한다면, 거의 모든 사회학적 일탈이론 또는 자살이론은 뒤르켐의 영향력 아래에 있다고 해도 과언이 아닐 것이다."[50] 물론 뒤르켐의 이론에 대해 "객관적인 사회적 변수의 탐구에 집중함으로써 자살을 선택하는 개인의 주관적 의미에 대해서는 상대적으로 관심을 기울이지 않았다"[51]는 비판 등이 꾸준히 제기되어왔다. 한마디로 자살에 관한 뒤르켐의 사회학적 이론은 심리학 등에 의해 보완되어야 할 필요가 있다는 것이다.

뒤르켐의 자살유형 분류가 정당한가 아닌가에 대해서는 학문분야마다 또 학자마다 서로 의견이 다를 수 있다. 나 역시 그의 이론에는 이러저러한 문제들이 있다고 생각한다. 그러나 그의 이론에서 반드시 주목해야 할 정당한 견해는 사회연대, 사회통합의 정도가 자살을 포함하는 사회현상에 결정적인 영향을 미친다는 주장이다. 나는 이 점에 주목하면서 이 글에서 뒤르켐의 자살 이론이 밝혀내지 못한 심리학적 영역을 규명하기 위해 노력할 것이다.

사회연대, 사회통합 외에도 다양한 사회적 원인이 자살을 유발할 수 있다. 우선 문화적 차이가 자살에 영향을 미친다. 동아시아 국가인 한국과 일본은 유사한 문화를 공유하기도 하지만 기본적으로 서로 차별되는 문화를 가지고 있다. 한국과는 달리 일본 문화는 전통적으로 자살을 미화하거나 찬양하는 경향이 있다. 이 때문에 과거 일본의 자살률은 한국보다 훨씬 높았다. 또한 공동체 구성원 중의 유명인의 자살이 자살률에 영향을 미칠 수 있다. 사랑을 위해 자살을 선택하는 주인공이 등장하는 괴테의 『젊은 베르테르의 슬픔』이 1774년에 출간된 이후 유럽 전역에서 자살이 급증했다. 이 때문에 유럽 나라들에서는 이 책의 출판이 금지되기도 했는데, 이후 유명인의 자살 이후 자살이 급증하는 현상을 '베르테르 효과'라고 부르게 되었다. 베르테르 효과는 모방자살로 불리기도 하는데, 유명 연예인이 자살한 이후 자살자가 급증하는 것처럼 주로 유명인의 자살을 모방해 자살하는 것을 의미한다. 유명인의 자살 혹은 자살사건의 언론보도가 자살행동에 영향을 미치는 것은 분명하지만, 그렇다고 해서 유명인의 자살을 주요한 자살 원인으로 간주할 수는 없다. 다음의 지적처럼 유명인의 자살을 뒤따르는 이들은 대체로 자살할 잠재력이 있던 사람들이다.

한국의 경우에도 매체를 통해 일반인, 유명인들의 자살 보도가 자주 노출되면 우울증이나 경제적 어려움과 고립감, 신체적 질환 및 장애 등을 가진 사람은 그렇지 않은 사람에 비해 모방 자살의 가능성이 더 커진다.[52]

자살할 잠재성이 있는 사람들이 유명인의 자살사건을 접하면,

'아! 나의 고통이 자살로 해결할 수밖에 없을 정도로 심각한 것이었구나', '아! 저런 방법으로 이 끔찍한 상황을 끝낼 수 있겠구나'와 같은 생각을 할 수 있다. 즉 유명인 혹은 타인이 '자살을 선택하는 것에 공감하면서 자신의 개인적인 불행을 실제보다 더 크게 느끼'[53]게 되며, 죽음을 하나의 선택 가능한 대안으로 고려하게 된다는 것이다. 모방 자살이란 타인의 자살을 단순히 모방하는 행위가 아니다. 즉 타인의 자살사건은 자살행동을 촉발하는 요인이지 주요한 원인은 아니라는 것이다.

일찍이 뒤르켐이 지적했듯이, 자살의 근본 원인은 사회에 있다. 병적인 사회는 어린 시절의 상처[54]를 포함하는 다양한 자살 원인을 제공하며, 자살을 방지할 수 있는 사회적 안전장치를 제공하지 않는 것을 넘어서서 정신적 고통과 불행을 해결할 수 있는 탈출구를 봉쇄함으로써 사람들을 자살 쪽으로 몰아세운다. 이런 점에서 다음과 같은 온건한 지적은 전적으로 타당하다.

"고통받는 사람들에 대한 지원체계가 그 사회에 얼마나 잘 발달되어 있는가 하는 것이 결국 한 인간으로 하여금 자살 여부를 결정하게 할 수 있다."[55]

자살에 관한 통합적인 접근?

────────

    초기의 자살 이론들은 자살을 어느 한두 가지 원인으로 설명하려 했던 반면, 자살에 관한 연구결과가 축적됨에 따라 최근에는 자살에는 다양한 원인이 상호작용하면서 영향을 미친다는 견해가 우세해졌다. 예를 들면 1969년 세계보건기구는 자살에 이르게 된 동기는 989가지, 자살 방법이 83가지[56]라고 발표했다. 자살 동기를 세분화할 경우 세계보건기구의 발표처럼 매우 많은 자살 동기들이 자살 행동에 개입하고 있음을 인정할 수밖에 없다. 그래서인지 최근의 자살 관련 저서들에서는 "인간의 자살심리는 매우 복잡하다"거나 "자살의 문제는 단순히 자살 하나에 국한된 문제가 아니며, 그것을 사회, 국가, 역사, 인류와 연결하여 바라볼 수 있도록 시야를 넓히는 작업이 함께 이루어져야 한다"[57]는 주장들을 쉽게 접할 수 있다. 한마디로 다음의 주장처럼 자살을 "다양한 통합적인 접근을 통해 이해"해야 한다는 것이다.

자살에 대한 심리학적 접근에서 초기에는 어느 한 이론으로만 이해하려는 시도가 많았지만, 최근에는 자살과 관련된 행동이 정신과적 병력, 신경증, 외상적인 삶의 경험, 자살 행동에 대한 유전적인 취약성, 사회문화적인 위험 요소와 보호 요소 등의 복잡한 상호관계에 의해 결정된다는 주장이 제기되고 있다.[58]

자살 문제에 대해 통합적인 접근을 해야 한다는 견해, 즉 자살에는 다양한 원인이 상호작용하면서 복합적으로 영향을 미친다는 견해는 과연 올바른 것일까? 자살의 본질을 이해하는 데 얼마나 도움이 될까? 통합적인 접근을 강조하는 견해가 자살의 원인을 생물학적 요인이나 개인적 요인과 같은 한두 가지 요인으로만 고찰하는 초기의 견해에 비해서 발전된 것임은 부정할 수 없다. 그러나 다양한 원인이 상호작용하여 어떤 결과를 유발한다는 식의 설명은 진실을 호도하는 교묘한 말장난이 될 수도 있다.

2016년, 시위군중에 대한 경찰의 물대포 직사로 인해 사망한 백남기 농민의 경우를 예로 들어 보자. 논란이 되었던 서울대병원의 사망진단서에는 다음과 같이 기록되어 있다.

(가) 직접 사인	심폐정지
(나) (가)의 원인	급성신부전
(다) (나)의 원인	급성경막하출혈

비록 이 진단서에는 경찰의 물대포 직사가 포함되어 있지 않지

만, 그것을 포함하여 백남기 농민의 사망 원인을 다음과 같이 설명한다면 어떨까? 백남기 농민의 사망에는 심폐정지, 급성신부전, 급성경막하출혈, 경찰의 물대포 직사 등의 요인들이 상호작용하여 복합적으로 영향을 미쳤다. 나는 이런 설명은 그럴싸한 과학적 용어와 방법을 동원해서 백남기 농민의 사망 원인이 '경찰의 물대포 직사'라는 사실을 감추는 명백한 진실왜곡이라고 생각한다. 이것을 다소 극단적인 예라고 생각할 수도 있겠지만, 다양한 원인이 상호작용해서 어떤 결과를 유발한다는 전형적인 미국의 주류심리학적 설명방법은 진실을 왜곡하는 역할을 할 때가 아주 많다.

대학교에서 심리학을 배우던 시절, 어떤 교수님께서는 A, B, C, D 등이 상호작용해서 K라는 결과를 유발한다는 식의 설명은 결국 '무엇이 원인인지를 정확히 알지 못한다'는 무지를 고백하는 것과 마찬가지라고 지적하시곤 했다. 그러나 나는 미국 주류심리학의 이런 식의 설명에는 단순한 무지의 고백을 넘어서는, 진실을 왜곡하려는 의도가 숨어 있다고 생각한다. 그것이 의식적이든 무의식적이든 간에.

주류 사회심리학 이론은 인간관계의 기초에 '호감liking'이 있다고 주장하면서, 이 호감에 영향을 미치는 대표적인 요인들을 다음과 같이 설명한다. ① 물리적 근접과 친숙성. 가까운 곳에 있으면서 자주 부대끼는 경우 호감이 증가한다. ② 유사성. 자기와 비슷한 신분이나 직업, 신념과 견해, 태도, 감정, 취미 등을 가진 사람에게 호감을 느낀다. ③ 외모를 포함하는 신체적 매력. 여기에 대해서는 굳이 설명이 필요 없을 것 같아 생략한다. 그러고 나서 호감에는 ①, ②, ③의 요인들이 상호작용하면서 복합적으로 영향을 미친다고 주장한다. 나는 과거에 이 이론을 접하면서 그것이 진실 혹은 현실을 왜곡하는 견해라고 생각했다. 한국처럼 계급적 대립이 첨예하고 직업이나 재산에 따라 사람을 평가, 차별, 무시하는 경향이 나날이 심각해지는 사회에서는 호감이 계급적 테두리를 벗어나기 힘들다고 생각했기 때문이다. 미국의 주류심리학은 계급과 관련이 있는 신분이나 직업을 '유사성'이라는 범주에다 슬그머니 끼워 넣어 유명무실하게 만든다. 하지만 계급사회, 차별사회에서 신분이나 직업은 호감에 가장 강력한 영향을 미치는 요인이 될 수밖에 없다. 다시 말해 물리적 근접과 친숙성, 유사성, 신체적 매력 등은 신분이나 직업의 테두리를 넘어서기가 어렵다는 것이다. 대기업 직원인 A라는 여성은 다음의 두 남성 중에서 누구에게 더 큰 호감을 느낄까? B라는 남자는 같은 직장에서 근무하기 때문에 날마다 직장에서 마주치고, 야구를 좋아하는 등으로 유사성이 있으며, 신체적인 매력도 있다. C라는 남자는 다소 먼 거리에 있는 직장에 다니기 때문에 친숙하지가 않고, 그는 야구보다는 음악을 좋아하는 등으로 유사성도 별로 없지만 신체적인 매력은 있다. 그렇다면 A라는 여성은 누구에게 더 큰 호감을 느낄까? 호감에 대한 미국의 주류심리학 이론에 기초해 판단하면 이 여성은 B라는 남자에게 더 큰 호감을 느껴야 한다. 하지만 현실에서 이 여성은 B라는 남자에게는 거의 호감이 없는 반면 C라는 남자에게는 커다란 호감을 느끼고 있다. 이렇게 현실에서는 미국의 주류심리학 이론에 반하는 결과가 나오는 것은 B는 A라는 여성이 일하는 회사의 경비원이고 C라는 남자는 대학교수이기 때문이다. 신분이나 직업에 따라 사람을 차별하고 무시하는 경향이 심한 사회에서 호감은 제아무리 친숙성, 유사성(당연히 신분이나 직업은 이 항목에서 제외되어야 마땅하다), 신체적 매력이 있더라도 계급적 테두리를 뛰어넘지 못한다. 부잣집 도련님과 가난한 집 여성의 지고지순한 사랑은 '러브스토리'와 같은 한물간 비현실적 영화에서나 나오는 이야기일 뿐이다. 나는 이러한 문제의식에 기초해 다른 어떤 요인들보다도 '계급'과 관련된 요인이 '호감'에 결정적인 영향을 미친다는 가설을 세우고 그것을 증명하는 실험을 실시해 졸업논문으로 제출한 적이 있다. 그리고 2007년에 출간한 『싸우는 심리학』에서 '사회적 신분격차가 크거나 계급계층 간의 이동이 자유롭지 못한 사회에서는 유유상종이 기본적으로 동일한 계급계층 내에서만 가능'하다고 주장했다. 다소 얘기가 장황해진 듯한데, 내가 강조하고 싶은 것은 어떤 결과에는 다양한 원인이 상호작용하여 복합적으로 영향을 미친다는 식의 전형적인 주류심리학적 설명은 진리와는 거리가 멀 수 있으며, 나아가 현실을 왜곡하기 위한 일종의 과학적 말장난일 수 있다는 것이다. 그렇다면 자살을 989가지의 다양한 동기들이 상호작용해서 발생하는 사건으로 설명하는 것은 과연 자살에 관한 올바른 설명일까?

누가 자살을 개인 문제로 몰아가는가?

나는 자살의 기본 원인이 개인이 아닌 사회에 있다고 생각한
다. 이미 잘 알려진 자살의 사회적 원인들은 물론이고 기존의 자
살 이론들에서 자살의 개인적 원인들로 분류하는 것들 중 상당수
가 실제로는 사회적 원인이라고 생각하기 때문이다. 뒤르켐은 낙
제나 정신병적 기질 등을 비사회적 원인으로 분류했다. 하지만 나
는 "과연 낙제나 정신병적 기질은 뒤르켐의 분류대로 '비사회적인
원인'인가?"[59]라는 정당한 문제제기에 동의한다. 여기에서 한 걸
음 더 나아가 나는 자식의 어린 시절을 유린하는 병적인 부모들
그리고 대부분의 정신장애가 인간본성의 실현을 방해하는 병적
인 사회가 만들어 낸 비정상적인 결과라고 생각한다. 한마디로 자
살, 그리고 최근 들어 자살의 원인으로 지목되고 있는 정신장애가
모두 다 본질적으로 사회 문제라는 것이다. 따라서 다음의 정당한
지적처럼 자살을 개인적 문제에 국한하여 설명하는 뇌과학과 같

은 자연과학적, 생리학적 정신의학이나 심리학 등은 자살의 사회적 원인을 생리학적 원인으로 환원 혹은 치환하는 명백한 비과학적 이론들이라고 할 수 있다.

> "어쨌든 '자연과학'과 정신의학은 자살충동과 행위를 '개인'에게 일어나는 '병'으로 간주하며, 그런 인식을 보증한다. … 이는 자살의 '개인적', '실존적' 차원(주: 사회적 차원이라고 하는 것이 더 정확하다)을 신체적으로, 생리학적인 차원으로 치환한 것이라 볼 수 있다."[60]

일반적으로 사회개혁 의지가 강한 학자, 진보적인 성향을 가진 학자들은 자살의 사회적 원인을 중시하는 반면 현상유지 의지가 강한 학자, 보수적인 성향을 가진 학자들은 자살의 생물학적, 개인적 원인을 강조한다. 간단히 말해 진보 성향의 학자들은 병든 사회가 자살자를 양산한다고 주장하는 반면 보수 성향의 학자들은 자살을 당사자 잘못이라고 주장한다는 것이다. 이 점은 병적인 사회에서 권력을 잡은 지배층이 자살을 개인 탓으로 몰고 가는 현상을 통해서도 확인할 수 있다.

한국이 일본의 식민지로 전락한 후 자살자가 급증하던 1920년대 초중반 『동아일보』는 장문의 사설을 통해 조선인 자살의 최대 원인을 빈곤으로 지목하면서, 조선총독부의 정치를 비판하는 것을 넘어서서 자본주의의 근본모순까지 지적했다. 1926년 2월의 동아일보 논설은 "자살이라고 하는 행동이 우리 조선인 간에 많이 나타난 것은 십 년 내외의 일"이라고 지적하면서 "그 만연한 자살의 원인이 절망을 강요하고 불안과 공포를 부추기는 사회 분위기"에 있다고 주장했다. 즉 한국이 일본의 식민지로 전락해 병적인 사회가 되면서 자살자가 급증했음을 명백히 한 것이다. 다음은 이 동아일보의 논설 중 일부이다.

> 우리 조선인은 여러 가지 역사적 사실로 보아서 민족성이 평화적이니 적어도 평화를 타에 비하여 더욱 애호함이 사실이었으므로 자살과 같은 악착한 일은 차마 하지 못하던 것이 일반의 심성이었었다. 그러나 인정은 모두가 대동소이한 것이니 주위의 환경이 악착하면 부지불식간에 인심도 그 영향을 수하야 변화하지 않을 수 없다. … 그 죄가 자살자에게 있다고 하는 것보다도 사회에 있고 정치에 있다 할 것이다.[61]

1926~27년에 걸쳐 『조선일보』 역시 철학자 한치진과 여수학인의 논쟁을 진행함으로써, 자살에 대한 마르크스주의 대 비#마르크스주의의 관점 차이를 소개하기도 했다.[62] 이렇게 친일신문으로 전락하기 이전까지의 동아일보와 조선일보는 대체로 자살의 주요한 원인이 식민지 사회에 있음을 강조했다.

반면에 조선총독부 경찰은 조선인의 자살을 개인적 원인, 특히 '정신착란'으로 몰아갔다. 총독부 경찰이 집계 발표한 1925년의 통계에 의하면 263명의 조선인이 정신착란 때문에 자살했다.

하지만 같은 해 동아일보에서 정신착란('정신에 착란'도 포함)이라는 술어가 사용된 기사는 불과 6건에 불과했다. 또한 1931년에 총독부는 경찰행정 관보인 『경무휘보』제306호를 통해 「경제 문제는 자살 증가의 원인이 아니다」라고 주장했다.[63] 한마디로 자살 증가는 식민지 통치가 아니라 정신착란 때문이라는 것이다. 사실 정신착란이란 용어는 정신의학 교과서에도 등장하지 않는 모호한 개념으로, 당시에는 '비이성'을 지칭하는 통속적인 용어로 사용되었다. 이렇게 1920년대에 동아일보와 조선일보까지를 포함하는 조선 민중은 자살의 원인이 일본의 식민지통치라고 주장한 반면 조선총독부는 자살의 원인을 정신착란이라고 주장하며 서로 대립했다. 그나마 이때까지 동아일보나 조선일보가 조선총독부의 진실 왜곡에 굴복하지 않았던 것은 1920년대가 민족해방운동이 가열차게 벌어지고 있던 시기, 즉 조선 민중의 저항의지가 한풀 꺾이기 전이었다는 사정과 관련이 있다. 그러나 일본의 만주 침략이 시작되면서 일본의 강대성에 대한 공포가 증폭되던 시기, 즉 일본의 식민지지배가 장기화되고 민족해방운동의 열기가 주춤해지던 1930년대가 되자 자살 문제에 관한 언론과 조선 민중의 태도는 변화하기 시작한다.

1869년에 조지 비어드George Beard라는 미국인 의사가 신경쇠약nervous breakdown or neurasthenia이라는 용어를 사용하기 시작한 이후 신경쇠약이라는 말이 세계적으로 확산되기 시작했는데, 식민지 조선에서도 1920년대부터 신경쇠약이라는 말이 등장해 1930년대에는 널리 사용되었다. 신경쇠약이란 '신경에 의한 온갖 병'을 뜻하는 것으로서 과학적 근거가 없는 통속적인 용어에 불과하다. 그러나 자살 증가로 골머리를 앓고 있던 서구의 자본주의 지배층은 신경쇠약이라는 용어를 크게 환영했다. 자본주의의 모순으로 인해 발생하는 각종 사회 문제에 물타기를 하기에 딱 좋은 용어였기 때문이다. 일본 제국주의 역시 목적의식적으로 식민지 조선사회에 신경쇠약이라는 용어를 퍼뜨렸고, 그 결과 지식인들을 망라하는 1920~30년대의 조선인들은 '신경쇠약 → 세상 비관(염세) → 자살(기도)'이라는 도식을 상식화하게 되었다.[64] 1930년대의 비관적인 사회 분위기 그리고 총독부와 그에 부역하는 지식인들의 흑색선전으로 인해 조선 민중은 점차 자살의 원인을 일본의 식민통치가 아니라 정신착란 혹은 신경쇠약에서 찾게 되었다. 1930년대 이후 상당수의 일반인이 이런 왜곡된 견해를 받아들였던 것은 자살의 원인이 일본의 식민통치에 있다고 인정할 경우 반일운동을 해야 한다는 심적 압력을 받을 수 있었지만 자살의 원인이 개인의 신경쇠약에 있다고 믿으면 일본에 맞서 싸우지 않아도 괜찮았기 때문이다. 이것은 일본 제국주의에 대한 공포심의 증가와 무력감의 심화가 자살에 대한 총독부의 엉터리 선전을 받아들이는 심리적 기초가 되었음을 의미한다.

일제시대에는 신경쇠약,
오늘날에는 우울증

일본의 식민통치처럼 민중을 억압하고 착취하는 집단이 권력과 생산수단을 장악하면 당연히 자살은 증가할 수밖에 없다. 그러나 자살의 증가는 사회제도의 정당성에 의문을 제기할 위험이 있기 때문에 반민중적인 지배층은 자살의 진정한 원인을 은폐하고 왜곡하기 위해서 온갖 노력을 다하게 된다. 자본주의 나라의 지배층은 기본적으로 정신병을 자살의 원인으로 포장하기 위해 줄기차게 노력해 왔다. 19세기 말부터 20세기 전반기까지는 여러 정신병 중에서도 신경쇠약을 부각했고, 20세기 말부터는 여러 정신병 중에서 우울증을 부각시켜 왔다. 이런 끈질긴 노력은 성공을 거둬 과거에는 신경쇠약이 자살의 주요한 원인이라는 견해가 상식으로 통용되었고 현재에는 우울증이 그 자리를 대신하고 있다. 제국주의 국가였던 자본주의 나라의 지배층은 당연히 이런 성공사례를 식민지에도 그대로 이식시켰다. 그 결과 일제 시대의 한국사회에서도 신경쇠약이 자살의 주요한 원인이라는 상식이 보편화되었다. 그렇다면 해방이 된 이후에는 사정이 달라졌을까?

한국의 비극적인 역사를 조금이라도 아는 사람은 한국이 진정한 해방을 맞이하지 못했음을 잘 알고 있을 것이다. 한국은 비록 일제로부터는 해방되었지만 곧바로 미국의 지배 아래 혹은 강력한 영향력 아래 놓이게 되었고 과거에는 친일파였다가 금방 미국에 빌붙은 친미사대주의자들의 나라가 되었다. 오늘날의 한국이 건강한 사회가 아니라는 사실, 조선총독부와 본질적으로는 차이가 없는 반민중적인 집단이 여전히 권력을 쥐고 있다는 사실은 자살 원인에 대한 유사성을 통해서도 어느 정도 파악할 수 있다. 2010년에 한국의 경찰청은 『경찰 통계연보』에서 '자살 원인'을 10가지로 분류했다. 그런데 다음의 비교표에서 확인할 수 있듯이, 이 10가지 중에서 가장 많은 비중을 차지하는 네 가지 원인은 표현만 약간 바뀌었을 뿐 1920~1930년대의 일제 식민지경찰이 파악한 가장 중요한 네 가지의 자살 원인과 흡사하다.[65]

일제 시대(1920~30년대)	한국(2010년)
정신착란	정신적, 정신과적 문제
병의 고통	육체적 질병 문제
가정 또는 친족과의 불화	경제생활 문제, 가정 문제

위의 표를 통해서 확인할 수 있듯이, 조선총독부를 대변하는 일제 경찰과 대한민국 정부를 대변하는 대한민국 경찰은 자살을 사

회 문제가 아닌 개인 문제로 몰아간다. 일제 시대의 지식인들처럼 오늘날의 지식인들 역시 자살을 정신장애로 몰아가는 데 열심이다. 다만 "'우울증'이 오늘날의 자살 담론과 정신의학 일각의 지배적 키워드라면, 1920~30년대에는 신경쇠약이 그 자리에 있었던 듯하다"[66]는 지적처럼, 신경쇠약이 우울증으로 대치되었을 뿐이다.

만일 신경쇠약이나 우울증이 자살의 주요 원인이라면, 굳이 사회개혁을 할 필요가 없고, 정신과 약만 잘 먹으면 자살을 줄일 수 있다. 1930년대의 신문들에는 신경쇠약에 주의해야 한다는 담론, 신경쇠약에 좋다는 약에 대한 광고가 넘쳐났다. 오늘날에는 '우울증은 마음의 감기'이니 우울증에 주의해야 한다는 담론, 우울증에 좋다는 약이나 심리상담에 대한 광고가 넘쳐나고 있다.

신경쇠약이나 우울증이 자살의 주요한 원인이라는 견해, 즉 자살을 개인 문제로 간주하는 견해가 지배적이면 자살 예방책 역시 그에 맞게 만들어진다. 일제 시대에는 신경쇠약 치료와 더불어 자살방지 캠페인을 전개했다. 예를 들면 한 일본인 자산가와 용산경찰서가 협력해 한강 다리에다가 "잠깐 기다리시오!"라는 팻말을 붙였고, 한강 인도교의 '전등을 늘리고 철망을 치고 망보는 사람을 늘리는 계획'을 시행하려 했다. 물론 그럼에도 1926년부터 1930년 사이에 한강에 투신자살한 사람은 무려 109명이나 됐다고 한다. 시간이 한참 흐른 뒤인 21세기의 한국에서는 일제 시대와 마찬가지로 우울증 치료와 더불어 자살예방 캠페인이 한창이다.

한 생명보험회사와 서울시가 협력해 '스토리텔링' 교각과 '한 번 만 더' 동상을 자살자가 많이 발생했던 마포대교에 설치했다. 그럼에도 서울시 소방재난본부 통계에 의하면 2003~2011년 사이에 한강다리에서 투신한 사람은 1,090명이었다.[67]

적어도 자살 문제를 중심에 놓고 볼 때, 식민지 조선과 오늘날의 한국은 본질적으로 동일하다고 말할 수밖에 없는 것 같다. 자살의 진정한 원인인 사회 문제를 은폐하고 자살을 개인 문제로 몰아가고, 정신장애의 치료를 권유하며, 자살예방 캠페인을 벌이는 것까지 신통하게 똑같으니 말이다.

다음의 우려처럼 자살의 원인을 하나로만 단순화시키는 것은 위험할 수 있다.

"자살의 심리학과 병리학은 자살을 '개인 탓'으로 돌리는 잔학하고 우파적인 견해에 수렴되지 않도록 주의해야 한다. 반대로 자살에 대한 사회학적 접근은 거시적인 기술과 통계 수치 속으로 개인이 처한 구체적 삶과 고통이 사라져 보이지 않게 된다는 점을 의식해야 한다."[68]

이 지적처럼 자살을 개인 문제로 치부하는 것은 금물이며 자살의 주 원인을 사회적 요인이라고 주장할 때도 개인적 요인들을 간과해서는 곤란하다. 따라서 자살에 관한 사회학적인 접근은 심리학적 접근을 통해 보강하고 뒷받침해야 할 필요가 있다.

3부

인간은
왜 자살하는가?

1
가장 인간적인 현상, 자살

오직 인간만이 자살한다

자살은 인간 이외의 다른 존재들에게서는 찾아볼 수 없는 인간에게 고유한 현상 중의 하나이다. 아니, 어쩌면 자살은 가장 인간적인 현상이라고 말할 수 있을지도 모른다. 인간만이 자살을 한다는 견해에 대해 동물도 자살을 한다면서 반론을 제기하는 이들도 있다. 생물학자들은 동물들이 같은 종의 동물들을 위해서 스스로 희생하는 수많은 사례를 발견했다. 예를 들면 설치류는 같은 굴에 사는 동료들에게 병을 옮기지 않기 위해 스스로 굶어 죽는다.[69] 그러나 이런 일부 사례들을 두고 동물도 자살한다고 주장할 수 있을까? 인간의 자살 행동과 유사하게 보이는 동물의 행동을 자살로 단정할 수 없는 이유는 다음과 같다.

첫째, 인간의 자살과 유사하게 보이는 동물들의 행동이 자살임을 확인할 방법이 없다. 무리의 생존을 위해서 스스로 죽음을 선택하는 것처럼 보이는 설치류에게 "너 지금 동료를 위해서 자살을 하는 거야?"라고 물어볼 수 없고, 물어본다 한들 대답을 할 리 없다. 즉 자살 시도처럼 보이는 동물들의 행동이 정말로 자살을 시도한 것인지를 확인할 길이 없다는 것이다. 따라서 인간의 자살과 유사하게 보이는 동물들의 행동을 자살이라고 단정하는 것은 공작새가 꼬리를 펼치는 것을 두고 명품을 자랑하는 인간의 과시행동과 같다고 주장하는 것만큼이나 어리석은 일일 수 있다.

둘째, 동물은 목적의식적 존재가 아니므로 원칙적으로 자살할 수 없다. 사람은 뚜렷한 자기의식을 가지고 있는 존재이다. 사람은 사회 속에서 살아가지만 '나'라는 독립적인 존재에 대한 뚜렷한 자기의식을 가지고 있다. 따라서 사람이 동료들을 위해서 목숨을 바친다거나 자살을 할 경우, 사람은 자신의 죽음이 무엇을 의미하는지를 아는 상태에서 스스로의 의지에 의해 목적의식적으로 죽음을 선택한다. 반면에 동물의 자기의식은 사람에 비하면 거의 없다고 해도 과언이 아니다. 동물에게는 '나'라는 독립적인 존재에 대한 의식적인 자각은 거의 없는 반면 자기 자신을 '무리'의 한 부분으로 인식하고 행동하는 무의식적인 본능은 강하다. 따라서 자살처럼 보이는 동물의 죽음은 자신의 희생을 통해서 사회에 기여하려는 사람의 목적의식적인 자살 행동과는 차원이 다른 본능에 따른 무의식적인 행동일 뿐이다. 한마디로 자살하는 것처럼 보이는 동물은 실제로는 종을 보존하려는 본능에 따른 무의식적이고 맹목적인 행동을 했을 뿐이라는 것이다. 사람이 지하철 선로에 떨어져 있는 누군가를 구하기 위해 몸을 던지는 것은 자신이 죽을 수도 있다는 것을 알면서도, 위험에 처한 이를 위해서는 죽음을 불사하고서라도 몸을 던져야 한다는 판단과 의지에 근거하고 있는 목적의식적인 행동이다. 반면에 쥐가 지하철 선로에 떨어져 있는 다른 쥐를 위해 몸을 던지는 것은 본능에 따른 무의식적 행동인 것이다.

참고로 그나마 인간의 자살에 근접해 있다고 평가할 수 있는 동물들의 자살은 사회적 존재인 인간과 오랜 세월 동안 함께 살아온 결과 상당 부분 사회화된 동물들에게서 전형적으로 나타난다는 점을 지적할 필요가 있다. 주인의 사랑을 받던 개나 말이 주인이 사망한 뒤에 주인의 무덤 옆에서 굶어 죽는 이야기는 동서고금을 통해 적지 않게 전해져 온다. 그런데 이런 동물들은 인류와 생활하는 과정에서 사회적 감정이 발달된 동물들이라는 사실에 주목해야 한다. 침팬지가 개보다는 지능이 훨씬 높다. 하지만 인간의 속마음을 추측하고 그것에 적절히 반응하는 등의 사회성은 개가 침팬지보다 더 우수하다. 이것은 왜 인간의 자살에 그나마 근접해 있는 것처럼 보이는 동물의 행동이 긴 세월 동안 인간과 함께 생활해 온 동물들에게서 관찰되는지를 설명해 준다.

설사 주인을 따라 죽는 개나 말의 행동을 자살로 인정한다 하더라도 그것을 인간의 자살과 동일시할 이유는 없다. 사람은 개나 말과는 질적으로 크게 다른 존재이기 때문이다. 또한 인간의 자살과 유사하게 보이는 개나 말의 자살 행동이 그다지 보편적이지도 않기 때문이다. 인간의 자살은 뚜렷한 자기의식을 가지고 있는 존재, 나와 사회와의 관계에 대한 인식능력이 있는 사회적 존재가 자신의 의지로 생물학적인 생명을 끝장내는 행위이다. 즉 동물처럼 맹목적인 본능에 따라서 삶과 죽음을 받아들이지 않는, 목적의식적인 존재인 인간이 자발적으로 선택하는 행위가 바로 자살이다. 이런 점에서 '오직 인간만이 자살한다'는 말은 전적으로 타당하다.

자살의 의미

　자살이 가장 인간적인 현상이라는 말은 자살이 인간의 본질 혹은 인간본성을 여과 없이 드러내 주는 현상이라는 의미로 해석될 수 있다. 과연 자살에는 어떤 의미가 있을까?

　첫째, 인간이 가장 두려워하는 것, 인간이 감당할 수 없는 최악의 고통은 죽음이 아니다. 상당수의 사람들은 인간이 가장 두려워하는 것이 죽음이라고 생각한다. 미국의 주류심리학 역시 동일한 입장이다. 미국의 주류심리학은 인간이 본질적으로 동물과 같다고 주장한다. 이것은 미국의 주류심리학이 인간의 사회적 행동을 동물적인 생존 본능으로 환원해 설명하는 것에서 극명하게 드러난다. 진화심리학은 남자는 바람을 피우기 마련이고 여자는 돈 많은 남자를 좋아하기 마련이라고 주장한다. 동물의 수컷은 최대한 많은 암컷에게 씨를 뿌리려는 본능을 가지고 있는 반면 동물의 암컷은 새끼의 양육을 잘할 수 있는 수컷을 선호하기 때문이다. 동물에게 가장 중요한 것은 육체적 생존이므로 동물은 죽는 것을 가장 두려워한다. 그렇지만 자살은 인간이 가장 두려워하는 것이 육체적 죽음이 아님을 보여 주는 명확한 증거이다. 만일 인간이 죽음을 가장 두려워한다면 자살이라는 현상은 애초에 발생할 수가 없을 것이다.

인간에게는 생물학적인 죽음, 육체적 죽음 이상으로 두려워하는 무엇인가가 있다. 인간은 그것을 피하기 위해서라면 기꺼이 생물학적인 죽음을 선택하기도 한다. 중국의 유명한 무협소설인 〈의천도룡기〉에는 이런 장면이 나온다. 무림의 정파에서 공공의 적으로 규탄하던 사파의 어떤 사람과 우여곡절 끝에 의형제를 맺게 된 주인공의 아버지가 정파 사람들에게 둘러싸여 그 의형제가 있는 곳을 말하도록 강요받는다. 입을 굳게 다물고 있는 주인공의 아버지를 정파 사람들이 협박하자, 그는 절대로 의형제가 있는 곳을 말하지 않겠다면서 "그래봤자 죽기밖에 더 하겠냐?"라고 응수한다. 주인공의 아버지에게 가장 두려운 것은 생물학적인 죽음이 아니라 의형제를 배신하는 행위였다. 그는 결국 칼로 자결한다. 다소 극단적인 예라고 생각할 사람도 있겠지만, 내가 강조하고 싶은 것은 인간이 가장 두려워하는 것이 죽음은 아니라는 사실이다. 이것은 고통의 측면에서 논하더라도 마찬가지다. 흔히 사람들은 죽음을 고통과 등치시키곤 하는데, 과연 죽음의 고통이란 무엇일까? 아마도 사람들이 머릿속에서 떠올리는 죽음의 고통이란 죽을 때의 고통을 의미할 것이다. 목을 매달아 죽을 때의 숨 막히는 고통, 높은 곳에서 떨어져 죽을 때의 바닥에 부딪쳐 몸이 부서지는 고통, 칼로 자기의 몸을 찔러 죽을 때의 칼에 찔리는 고통 등을 죽음의 고통과 동일시하는 것이다. 하지만 엄밀하게 말하자면 그것은 죽음의 고통이 아니다. 죽지 않더라도 목이 졸릴 수 있고, 추락할 수도 있고, 칼에 찔릴 수도 있지 않은가. 그렇다면 진정한 죽음의 고통이란 뭘까? 그것에는 여러 가지가 있을 수 있겠지만 아마도 가장 큰 것은 이별의 고통일 것이다. 과거에 한 시절을 풍미했던 그룹사운드 산울림의 '독백'이라는 노래에는 이런 가사가 나온다.

"나 혼자 눈 감는 건 두렵지 않으나 헤어짐이, 헤어짐이 아쉬워."

죽음은 사랑하는 사람들, 그동안 살아왔던 세상과 이별하는 것이다. 죽음, 특히 때 이른 죽음이나 허무한 죽음은 이런 이별을 몹시 고통스러운 것으로 여기게끔 만든다. 그래서 사람들은 죽음을 생각할 때면 즉각적으로 고통을 경험하는 것이다. 어쨌든 고통의 측면에서 보더라도 자살은 죽음의 고통, 이별의 고통 이상의 고통이 있음을 보여 준다. 즉 자살은 인간에게는 이별의 고통을 감수하고서라도 반드시 끝장내야만 하는 최악의 고통이 존재한다는 것의 증거다.

둘째, 인간의 최대 소망은 육체적 생존이 아니다. 자살은 인간의 최대 소망이 생존이 아님을 분명히 보여 주는 현상이다.

자살은 초시대적이다. 시공을 초월해, 인간은 심하게 모욕당했을 때, 감당하지 못할 곤경을 겪을 때, 우울이나 다른 신체적 질병 때문에 절망에 빠졌을 때, '자기보존'이라는 본능의 원칙을 거슬러 스스로 목숨을 끊어 왔다. 동서고금에서 그랬다.[70]

인간을 동물과 똑같다고 주장하는 미국의 주류심리학에 의하면 인간의 최대 소망은 육체적 생존이고, 여기에서 한 걸음 더 나아가자면 최대한의 이익이다. 미국의 주류심리학에 의하면 인간이란 살아남기 위해서 경쟁자들을 마구 걷어차고, 배부르고 윤택한 삶을 위해서 발버둥 치는 개인이기적인 존재일 뿐이다. 만일 미국 주류심리학의 주장이 옳다면 왜 인간은 자살을 하는 것일까? 생존이 인간의 최대 소망이라면 자살 따위는 존재해서는 안 되고 존재할 수도 없는 현상이지 않은가. 안중근 의사가 이토 히로부미를 척살하기 위해 방아쇠를 당겼을 때, 윤봉길 의사가 일본 제국주의의 수뇌부를 향해 폭탄을 던졌을 때 그들은 생존이 가능할 거라고 믿지 않았다. 두 사람이 기꺼이 죽기를 바랐던 것은 그들에게는 조선독립이라는 육체적 생명, 즉 생존 이상의 강렬한 소망이 있었기 때문이다. 인간은 동물과는 달리 육체적 생존 이상을 소망하는 존재이다. 그 소망을 위해서라면 혹은 그 소망이 심각하게 좌절되면 육체적 생존을 포기하기도 한다. 이런 점에서 자살을 "스스로 삶을 끝내는 행위를 통해 살아서는 충족시킬 수 없다고 생각하는 자신의 욕구를 충족시키고자 하는 것"[71]이라고 정의하는 것은 나름 타당하다.

　인간이 가장 두려워하는 것, 가장 고통스러워하는 것은 자살이 아니라는 것 그리고 인간에게는 육체적 생존을 포기하고서라도 기어이 달성해야만 할 중요한 소망이 있다는 것은 인간이라는 존재의 본질이 무엇인지를 잘 보여 준다. 즉 자살은 인간이 생물학적인 존재인 동물과는 차원이 다른 사회적 존재임을 생생하게 보여 주는 증거이다.

고통을 끝장내기 위한 선택, 자살

────────

일찍이 대문호 톨스토이는 "죽음은 구원이며 침묵이다. 아, 고통과 맞서기 위한 다른 출구는 없다"고 말한 적이 있다. 자살 연구자인 슈나이드먼(Shneidman, 1984)은 "하나의 이론으로 자살을 이해하기보다는 현실적으로 고통스러운 괴로움으로 인해 나타나는 결과로 이해해야 한다"고 강조했다.[72] 『자살론』의 저자인 천정환 또한 "인간은 자살할 가능성이 있는 존재로서 고통을 경험하며, 고통을 회피하거나 극복하기 위해 자살한다"[73]고 주장했다. 오늘날 자살의 주요한 원인으로 호도되고 있는 우울증의 경우에도 역시 문제인 것은 고통이다.

> 격심한 우울증의 고통은 그 병을 앓아 보지 않은 사람들은 상상조차 할 수 없다. 우울증이 심할 경우 자살로 마감되는 이유는 그 고통을 더 이상 참을 수가 없기 때문이다.[74]

실제로 정신적·육체적 장애나 지병으로 인해 고통받던 사람들, 특히 심각한 고통을 받던 사람들이 자살을 하는 경우는 흔하다. 한마디로 고통스럽지 않다면 인간이 죽음을 선택할 까닭이 없다고까지 말해도 과하지 않다.

끔찍한 고통에 긴 시간 동안 반복적으로 시달리다 보면 사람은 어떻게 해서든 그 고통을 끝내야겠다는 강력한 충동에 휩싸이기가 쉽다. 만일 그 고통을 죽음을 통해서만 끝장낼 수 있다고 믿게 된다면, 자살은 더 이상 감당할 수 없는 끔찍한 고통에서 해방되는 탈출구가 된다. 이러한 심리상태는 2003년에 자살했던 26세 남성이 한 자살 사이트에 남긴 다음과 같은 글에 잘 드러나 있다.

…
하루하루 살아간다는 것이 너무 힘이 드네여.
매일 매일을 죽음이란 단어만을 품고 세상을 살아가고 있습니다.
오늘이면 죽을 수 있을까?
내일이 오지 않았으면 하는 생각에 늘 죽음을 생각하죠.
…
정말 세상 사는 게 힘들고 고통스러운데
되는 일은 하나도 없는데
…
더 이상의 미래가 보이지 않는다
미래가 없는 삶
…[75]

고통이 극심하면 심리적으로 사는 것이 죽는 것보다 더 힘들고 무서운 상황이 조성된다. 이때 살아생전에 그 고통을 끝낼 수 있을 거라는 희망조차 희미해지면 자살은 현실화된다. 결국 심리적인 고통이 자살에 결정적인 영향을 미친다는 것인데, 인간에게 있어서 죽음보다 더 두려운 이 고통이란 과연 무엇일까?

2
자살로 끝장내야만 하는 고통

고통과 인간심리

    자살을 기도해 병원 응급실에 내원한 환자들을 대상으로 실시했던 한 조사에 의하면 자살을 생각하는 이유에 대해서 전 연령층에서 고통을 끝내고자 하는 이유가 공통적으로 가장 높았다.[76] 이것은 자살이 무엇보다 고통을 끝장내기 위한 행위임을 암시해 준다.

    인간에게 죽음으로써 끝장을 내야만 하는 끔찍한 고통이란 과연 무엇일까? 육체적 고통은 이해하기가 쉽다. 바늘로 몸을 찌르거나 불에 데는 경우 즉각적으로 육체적 고통을 체험할 수 있기 때문이다. 반면에 심리적, 정신적 고통은 말로 설명하기가 훨씬 까다롭다. 정신적 고통을 이해하기 위해서는 일단 인간심리의 3대 구성요소가 무엇인지를 설명할 필요가 있을 것 같다. 인간심리를 구성하는 3대 요소는 지식, 감정, 동기인데, 이 세 가지 구성요소는 밀접히 연관되어 있으며 서로 영향을 주고받는다. 간단히 말해 인간심리는 이 3대 구성요소의 복합체라고 말할 수 있다. 동창회에 갔다가 잘나가는 한 동창생한테 조롱과 무시를 당했다고 해보자. '동창생 녀석이 나의 직업을 비웃었지'와 같은 조롱과 무시를 당했던 그 사건과 관련된 인식은 지식이 되어 뇌에 저장된다. 동시에 그 사건은 인정받고 존중받으려는 중요한 사회적 동기를 좌절시킴으로써 고통스러운 감정을 유발한다. 즉 동창회에서 경험했던 사건이 동기 좌절을 통해 부정적인 감정과 결합되는 것이다. 지식 차원에서의 해석을 통해 체험되는 특정한 경험은 동기의 실현이나 좌절을 결과할 수 있다. 이때 일반적으로 동기가 실현되면 긍정적인 감정을, 동기가 좌절되면 부정적인 감정을 체험하게 되고 그것이 특정한 경험에 관한 지식에 결합된다. 이후 사람들은 그 특정한 경험을 떠올릴 때마다 자동적으로 그것에 결합된 감정을 체험하게 된다. 그런데 여기에서 반드시 기억해야 하는 것은 지식이나 동기는 점차 의식되지 않게 될지라도 감정은 지속되는 경향이 있다는 것이다. 사실 면밀히 주의를 기울이지 않으면, 사람은 타인들로부터 조롱당하거나 무시당하는 경험이 어떤 동기를 좌절시켰는지를 의식하지 못한다. 반면에 인정받고 존중받고 싶다는 동기의 좌절이 초래하는 모욕감이나 분노와 같은 감정반응은 즉각 의식할 수 있다. 또한 무시당하는 경험이 반복되었을 경우 그 개개의 경험들과 관련된 지식 혹은 기억은 더 이상 의식되지 않을 수 있다. 하지만 그런 지식이나 기억은 무의식에 저장되어 있으므로 그것으로부터 유발되는 모욕감, 수치감, 분노와 같은 감정들은 여전히 체험하게 된다. 만일 무의식에 저장된 지식이나 기억의 악영향이 심각해서 부정적인 감정들을 만성적으로 체험하게 되면 그것이 사고방식을 변경시켜 지식에도 영향을 미칠 수 있다. 예를 들면 모욕감이 극심해지면 스스로를 무력하다고 여기거나 저평가하고 자기를 부정적으로 인식하도록 만들 수 있다.

심리적 고통이란 부정적인 지식(나는 남들한테 무시당할 수밖에 없는 형편없는 인간이야)이 동기를 좌절(타인들과 사회로부터 존중받고 싶다, 사람대접을 받고 싶다는 동기의 좌절)시킴으로써 초래되는 부정적인 감정(모욕감, 수치감, 분노 등)과 모두 관련이 있지만, 특히 감정과 밀접한 관련이 있다. 그것은 감정이 실제적인 신체적 변화에 기초하고 있는 심리현상이기 때문이다. 감정은 동기의 실현과 좌절에 따른 심리적 반응이다. 생존이 위험해지면 공포나 긴장과 같은 감정을 체험하는 반면 생존과 안전이 보장되면 편안함이나 안정감과 같은 감정을 체험하는 것은 이 때문이다. 사람은 육체적인 생존 동기가 실현되느냐, 좌절되느냐에 따라 원초적인 감정 혹은 기본적인 감정을 체험하고, 사회적 생존 동기가 실현되느냐 좌절되느냐에 따라 다양한 사회적 감정을 체험한다. 그것이 육체적 생존이든 사회적 생존이든 간에 인간의 생존이 위태로워지는 것에 대한 직접적인 심리적 반응이 바로 감정이라는 것이다.

감정은 신체적 변화에 기초하고 있는 주관적 체험이다. 사랑하는 누군가를 상실했다는 소식을 들었을 때, 사람의 신체에서는 다양한 변화가 발생한다. 예를 들면 심장박동과 호흡이 변화해서 가슴이 조여지고 숨이 막히는 듯한 고통스러운 체험을 하게 된다. 누군가를 상실했다는 지식이 유발 — 엄밀하게 말하자면 사랑하는 이를 상실하기 싫다는 동기의 좌절이 감정반응을 유발하는 것이다 — 하는 감정이 이렇듯 신체적 변화에 기초하고 있기 때문에 감정과 관련된 심리적 고통이란 사실 육체적 고통에 의해서 뒷받침된다거나 육체적 고통을 필수적으로 포함한다고 말할 수 있다. 결론적으로 정신적 고통이 실제적인 고통이 되기 위해서는 물질적인 실체가 없는 순수한 심리적 고통 이상이어야 하는데, 그것을 가능하게 해 주는 것이 바로 감정이다. 그렇기 때문에 신체적 변화를 수반하는 감정, 특히 부정적인 감정이 정신적 고통과 가장 밀접한 관련이 있다고 말할 수 있다.

만일 동창생에게 조롱과 무시를 당했지만 모욕감이나 수치감과 같은 부정적인 감정을 체험하지 않았다면 그것은 심리적 고통이 될 수 없다. 사람이 개를 언어적으로 조롱하거나 무시해도 개가 심리적 고통을 체험하지 않는 것은 생물학적 존재인 개는 오직 사회적 관계 속에서만 이해와 해석이 가능한 '무시와 조롱'이라는 사회적 의미를 알지 못해서이다. 더욱이 개에게는 사회적으로 인정받고 존중받으려는 동기가 없으므로 설사 개가 '무시와 조롱'의 사회적 의미를 파악했다 하더라도 인간과 같은 심리적 고통은 체험하지 못한다. 반면에 사회적 존재인 사람은 다양한 사회적 장면

에서 다양한 사회적 동기가 좌절될 수 있기 때문에 부정적인 방향
으로의 신체적 변화를 포함하는 부정적인 감정을 체험할 수 있는
데, 그것이 바로 정신적 고통의 본질이다. 지금까지의 논의를 통
해 정신적 고통에는 지식, 감정, 동기가 모두 영향을 미치지만 그
중에서 핵심은 동기의 좌절이 초래하는 부정적인 감정임을 확인
했다.

병든 사회와 고통

건강한 사회는 인간의 중요한 사회적 동기를 원만하게 충족시켜 준다. 반대로 병든 사회는 인간의 중요한 사회적 동기를 좌절시킴으로써 고통을 강요한다.

정신적 고통은 우선 지식 차원에서 촉발될 수 있다. 한국사회가 돈 없는 사람을 차별하고 무시하는 사회라는 지식, 나는 돈이 없는 가난한 사람이라는 지식 등은 인정받고 존중받으려는 사회적 동기를 좌절시켜 수치감, 자기혐오감, 무력감, 무가치감 등의 부정적인 감정을 초래한다. 그 결과 사람은 정신적 고통에 시달린다. 정신적 고통은 또한 감정에서 시작될 수도 있다. 그 원인이 무엇이든 간에 일단 부정적인 감정이 마음속에 누적되어 만성화되면 부정적인 사고를 하도록 유도한다. 기분이 좋으면 만사가 다 잘 될 것처럼 생각되지만 기분이 나쁘면 만사가 꼬일 것만 같은 불길한 생각이 드는 것은 감정이 사고를 좌우하는 한 예이다. 부정적인 감정은 사고를 부정적인 방향으로 이끌어 세상과 자기 자신에 대한 부정적인 지식이 만들어지도록 유도한다. 부정적인 지식은 다시 동기 좌절을 통해 부정적인 감정을 비대화시킨다. 그리고 이 부정적인 감정은 지식이 더 이상 의식되지 않는 경우에도 그대로 남아 인간심리에 커다란 영향을 미친다. 어렸을 때부터 반복적으로 학대를 당했던 경험을 다 기억하지는 못하더라도 그것들이 초래한 감정에 만성적으로 시달리는 경우처럼.

병든 사회가 사회구성원들에게 정신적 고통을 강요하는 과정도 위에서 설명한 것과 유사하다. 병든 사회는 사람들로 하여금 바람직하지 않은 경험을 하게끔 만들어 정신건강에 해로운 지식을 갖게 하거나 정신건강에 해로운 불건전한 지식을 직접 유포시킨다. 그로 인해 사회구성원들의 중요한 사회적 동기가 좌절되고 부정적인 감정이 유발되어 정신적 고통이 강요된다. 동시에 병든 사회에 의해 만성화된 부정적인 감정으로 인해 사회구성원들의 사고 방식과 지식이 왜곡되고 그것이 동기 좌절을 통해 감정을 한층 악화시킴으로써 정신적 고통을 강요한다.

물론 병적인 사회적 환경이 직접적으로 정신적 고통으로 이어지지는 않는다. 병적인 환경은 인간에게 중요한 사회적 동기를 좌절시켜 부정적 감정을 유발함으로써 비로소 정신적 고통으로 전환된다. 따라서 인간의 자살심리를 이해하려면 다음과 같은 것들을 확인할 필요가 있다.

① 반드시 실현되어야만 할 인간의 중요한 사회적 동기는 무엇

일까?

②어떤 사회적 환경이 인간의 중요한 사회적 동기를 좌절시킬까?

③그 결과 초래되는 부정적인 감정은 무엇일까?

이 세 가지를 올바로 해명해야 정신적 고통의 본질에 가까이 접근할 수 있다.

인간의 중요한 사회적 동기

인간이니까 자살한다

─────────

    앞에서 자살은 인간에게 생물학적인 생존 이상의 소망이 있음을 보여 주는 가장 인간적인 현상임을 확인한 바 있다. 그렇다면 이 육체적 생존 이상의 소망이란 과연 무엇일까? 참고로 나는 욕구, 요구, 소망, 바람 등을 통칭하여 '동기'라는 개념을 사용하는 것을 선호하지만, 이 책에서는 편의상 동기를 소망이라는 개념과 혼용하고 있음을 밝혀 둔다.

    인간은 동물처럼 육체를 가지고 있는 생물학적 존재이므로 육체적 생존을 추구한다. 즉 동물과 마찬가지로 특별한 이유가 없는 한 죽기를 바라는 인간은 없다는 것이다. 그러나 인간은 생물학적 존재인 동물과는 질적으로 다른 존재이다. 이것이야말로 바로 인간의 본질이라고 할 수 있는데, 이를 마르크스는 '사회적 존재'라는 개념으로 정식화했다. 인간은 사회적 존재이므로 육체적 생존보다는 사회적 생존을 더 바란다. 즉 사람은 사회적 생존이 불가능해지면 육체적 생존을 포기하고 자살하는 존재라는 것이다. 사람에게 더 중요한 것은 육체적 생존이 아니라 사회적 생존이며, 육체적 생명이 아니라 사회적 생명이다. 이 사실을 이해하지 못하면 절대로 인간이라는 존재를 이해할 수 없다. 한때 한국사회를 충격에 몰아넣었던 송파 세 모녀 자살사건을 한번 되짚어 보자.

2014년 2월, 송파구에 살고 있던 세 모녀가 번개탄을 피워 자살했다. 이들은 어머니가 실직한 뒤 생활고에 시달려 왔다. "마지막 집세와 공과금입니다. 정말 죄송합니다"라는 유언과 함께 갖고 있던 전 재산인 현금 70만 원을 집세와 공과금으로 남겼다. 이들은 공과금을 밀린 일이 없었던 것으로 나타났다.

세 모녀는 12년 전 방광암으로 사망한 아버지가 남긴 빚 때문에 신용불량자가 되었다. 두 딸은 취직을 못했다. 생계를 책임지던 어머니는 한 달 전 식당일을 마치고 집으로 오던 길에 오른팔을 다쳐 일을 하지 못하게 되었다. 당뇨와 고혈압을 앓는 큰딸은 그동안 병원에서 제대로 치료받지 못하고 있었다. 작은딸은 간간이 아르바이트를 했지만 안정적인 직장을 구하지 못했다. 어머니는 이미 몇 개월 전부터 백내장이 진행되어 시야가 흐려졌다. 사망 당시에는 사물을 뚜렷이 식별하지 못할 정도였다.[77]

송파 세 모녀의 자살 원인은 무엇이었을까? 육체적 생존이 위태로워지자 자살을 선택한 것일까? 세 모녀에게는 음식을 살 수 있는 70만 원이라는 돈이 있었으니 급박한 생존 위협으로 인해 자살했다고 볼 수는 없다. 그렇다면 세 모녀는 왜 자살했을까? 아마 사는 것이 너무 구차해서, 사람답게 살고 있지 못하다고 생각했기에 자살했을 것이다. 어머니는 혼자 자살하지 않고 왜 두 딸과 함께 동반자살을 했을까? 한국사회에서 부모도 없는 두 딸이 사람대접 받으면서 살 것이라고 기대할 수가 없었기에 차라리 데리고 죽는 길을 선택했을 것이다. 한마디로 송파의 세 모녀는 비록 육체적 생존은 가능할지 몰라도 사회적 생존이 더 이상 불가능하다는 판단을 했기 때문에 자살을 선택했다는 것이다.

사회적 생존이란 단순히 사회 속에서 육체적 생명을 유지하면서 살아간다는 것만을 의미하지 않는다. 육체적 생존이 중요한 생물학적 욕구들을 충족시키면서 사는 것을 의미하듯, 사회적 생존이란 중요한 사회적 동기를 충족시키면서 사는 것을 말한다. 따라서 인간은 중요한 사회적 동기들이 원만히 충족되지 않으면, 몸은 살아 있을지언정 사회적으로 살아있다고 느끼지 못한다. 사람답게 살고 있다고 생각하지 못한다는 것이다.

매슬로의 욕구이론과 자살

　사람이 가지고 있는 중요한 사회적 욕구 혹은 동기가 무엇인가에 대해서는 심리학자들마다 다소 의견이 다르다. 현재까지 가장 널리 알려져 있고 또 인정받고 있는 사회적 욕구이론은 인본주의 심리학자인 매슬로의 욕구이론이다. 매슬로는 다음과 같은 욕구이론을 주장했다.

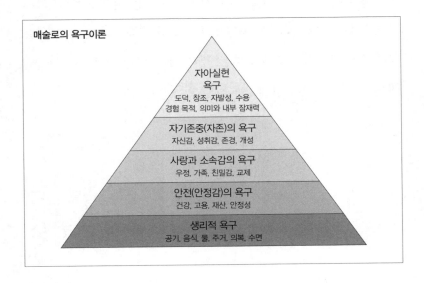

매슬로의 욕구이론

자아실현 욕구
도덕, 창조, 자발성, 수용
경험 목적, 의미와 내부 잠재력

자기존중(자존)의 욕구
자신감, 성취감, 존경, 개성

사랑과 소속감의 욕구
우정, 가족, 친밀감, 교제

안전(안정감)의 욕구
건강, 고용, 재산, 안정성

생리적 욕구
공기, 음식, 물, 주거, 의복, 수면

이 매슬로의 욕구이론을 다시 도표화하면 다음과 같다.

	욕 구	내 용
사회적 욕구	자아실현 욕구	잠재력, 창조성 실현 등
	자기존중(자존)의 욕구	사회적 평가와 존경 등
	사랑과 소속감의 욕구	친구, 사회관계 등
생물학적 욕구	안전(안정감)의 욕구	건강, 안정감 등
	생리적 욕구	먹을 것, 입을 것 등

매슬로의 설명에 따르자면, 그가 주장한 '안전의 욕구'에는 생물학적 욕구와 사회적 욕구가 모두 포함된다. 그러나 나는 안전의 욕구를 생물학적 욕구로 분류하는 것이 옳다고 생각하기 때문에 사랑과 소속감의 욕구 이상의 욕구들만을 사회적 욕구로 간주하면서 논의를 전개할 것이다. 매슬로는 처음에 욕구에는 위계가 있다고 주장했다. 즉 하위욕구가 충족되지 않으면 상위욕구가 제기되기 힘들다고 주장했다. 그러나 그는 훗날 이 욕구의 위계에 대한 주장을 철회했다. 하위욕구가 충족되지 않더라도 상위욕구가 제기될 수 있다고 인정한 것이다.

반복해서 강조하지만, 사회적 존재인 사람에게 더 중요한 것은 생물학적 욕구가 아니라 사회적 욕구이다. 물론 육체적 생존 없이는 사회적 생존도 불가능하다. 하지만 생물학적 욕구는 어디까지나 사회적 욕구를 실현하기 위한 전제가 되기 때문에 의미가 있는 것이지 그 자체가 사람에게 가장 중요한 욕구는 될 수 없다. 이런 입장에 기초해서 자살에 대해 말하자면, 자살이란 사회적 욕구의 실현이 심각하게 좌절되어 사회적 생존이 불가능해졌을 때 생물학적 생존, 생명을 포기함으로써 사회적 생존, 생명을 지키려는 불가피한 시도이자 사회적 욕구 좌절을 강요하는 병든 사회에 맞서 인간의 존엄성을 사수하려는 일종의 저항이라고 말할 수 있다.

안전의 욕구를 사회적 욕구가 아닌 생물학적 욕구로 분류하는 입장에서 매슬로의 욕구이론을 재해석하면 3가지의 중요한 사회적 욕구가 있음을 확인할 수 있다. 사랑과 소속감의 욕구, 자기존중의 욕구(사회적 인정과 존경), 자아실현 욕구가 바로 그것이다. 이 중에서 자살에 가장 큰 영향을 미치는 사회적 욕구는 무엇일까?

① 사랑과 소속감의 욕구 그리고 자살

사회적 욕구 중에서 가장 기초적인 것은 사랑과 소속감의 욕구이다. 사람이 사회적 존재라는 것은 간단히 말해 사람이 관계를 떠나서는 생존할 수도 없고, 행복할 수도 없는 존재라는 의미이다. 즉 사람에게 가장 중요한 것은 밥이 아니라 관계라는 것이다. 송파 세 모녀 자살사건만 놓고 보더라도, 만일 그들에게 건강한 사회적 관계가 있었다면 자살만큼은 피할 수 있었을 것이다. 어머니가 다쳐서 생계가 막막해졌을 때, 도움이나 지지를 줄 누군가와의 관계가 있었다면, 하다못해 사회복지기관과의 신뢰라도 있었다면 세 모녀는 극단적인 선택을 하지는 않았을 거라는 말이다.

만일 인간에게 밥을 먹는 것이 가장 중요한 욕구라면 인간은 밥을 굶는 상황에서 최악의 정신적 고통을 경험하게 될 것이다. 그리고 최악의 고통은 자살로 이어질 가능성이 높으므로 에티오피아처럼 굶주림이 심한 아프리카 나라들의 자살률이 세계적으로 가장 높아야 한다. 하지만 현실은 그렇지가 않다. 만성적인 기아에도 불구하고 아프리카 나라들의 자살률은 낮은 편이다. 오히려 아프리카 사람들은 굶어 죽는 그 순간까지도 살기 위해 노력한다. 삶에 대한 의지가 강한 것이다. 반면에 한국은 아프리카처럼 굶주림이 만연한 나라가 아니다. 한국은 GDP 규모로 보면 OECD 회원국 중에서 10위권에 드는 경제적인 부국이다. 춘궁기에 밥을 굶는 보릿고개라는 말이 사라진 지 오래다. 하지만 경제적으로 부유한 나라인 한국의 자살률은 세계 최고 수준이다. 뒤에서 다시 자세히 논하겠지만 한국인의 자살은 관계의 완전한 파탄과 관련이 있다. 즉 한국인들은 굶주림의 고통으로 인해 자살하는 것이 아니라 관계의 파탄이 초래하는 정신적 고통으로 인해 자살한다는 것이다. 이것은 인간에게 가장 필수적이고 기초적인 것은 밥을 배불리 먹는 것이 아니라 건강한 관계 속에서 사는 것임을 보여 준다. 나는 매슬로가 사랑과 소속감의 욕구를 사회적 욕구들 중에서 가장 기초에 놓여 있는 욕구로 제안한 까닭이 바로 여기에 있다고 생각한다.

　　사랑과 소속감의 욕구는 사회적 존재인 인간에게 가장 기초적인 욕구라고 할 수 있다. 사랑의 욕구란 곧 관계의 욕구이다. 지배-피지배, S-M 관계와 같은 병적인 관계가 아닌 건강한 관계는 사랑에 의해 형성되기 때문이다. 내가 누군가를 사랑하고 그가 나를 사랑하여 사랑이 서로 교차하면서 둘 사이를 이어 주면 건강한 관계가 형성된다. 부모-자식 관계 역시 마찬가지다. 부모와 자식이 핏줄로 이어져 있고 한집에서 산다고 해서 자동적으로 건강한 부모-자식 관계가 가능해지는 것은 아니다. 부모가 자식을 건강하게 사랑하고 자식도 부모를 건강하게 사랑해야 비로소 정상적인 부모-자식 관계가 가능해진다. 친구관계, 동료관계, 연인관계 등 모든 건강한 관계는 사랑에 의해 맺어진다. 그렇기 때문에 인간이 개인적 차원에서 사랑을 간절히 원한다는 것은 곧 사회적 차원에서는 건강한 관계를 간절히 원하는 것을 의미한다. 결론적으로 사람이 사회적 존재라는 것은 사람은 건강한 관계를 가능하게 해주는 사랑을 절실하게 원하는 존재라는 것이다.

사람이 사회적 존재로서 살아가려면 건강한 관계와 더불어 소속감이 필요하다. 사회는 다종다양한 사회집단으로 구성되어 있다. 사회에는 정치와 관련된 사회집단, 경제와 관련된 사회집단, 직업과 관련된 사회집단, 인종이나 성과 관련된 사회집단 등 아주 많은 사회집단이 존재한다. 사람은 누구나 특정한 사회집단에 소속되어 살아가기 마련이고 또 소속되기를 원하기 마련이다. 그렇기 때문에 어떤 한 개인은 필연적으로 노동자라는 사회집단(구체적으로는 노동조합일 수도 있다), 진보정당이라는 사회집단 등에 동시적으로 소속되거나 소속되기를 바라고 그 사회집단에 대해 소속감을 갖게 되는 것이다. 앞에서도 언급했듯이, 소속감은 정체성 확립의 필수적 전제조건이다. 정체성 확립에서 가장 중요한 문제는 소속감을 갖는 사회집단을 선택하는 것이다. 예를 들면 어떤 한 개인이 군인이라는 사회집단, 보수정당에 소속감을 가진다면 그는 '나는 군인이자 보수주의자다'라는 정체성을 확립하게 된다. 소속감이 없으면 정체성을 확립하기가 어렵고, 정체성이 확립되지 않으면 대인관계를 원만하게 맺기 어렵다. 정체성이 뚜렷한 사람은 자기가 누구인지, 어떤 사람인지 알고 있기 때문에 그것에 맞춰 일관성 있게 사고하고 행동할 수 있으며, 타인을 상대할 때에도 일관성 있는 태도를 유지할 수 있다. 즉 군인이라는 정체성을 가지고 있는 사람은 매사에 군인답게 사고하고 행동하며, 타인을 상대할 때에도 군인답게 대한다. 반면에 정체성이 뚜렷하지 않은 사람은 사회적 상황, 특히 대인관계 상황에서 어떻게 사고하고 행동해야 할지 갈피를 잡지 못해 혼란스러워 한다. 이것은 결국 소속감이 결핍되면 정체성 혼란을 피하기 어려우므로 건강한 사회적 관계를 맺기가 어려워진다는 것을 의미한다. 소속감은 정체성 외에도 자유를 추구하는 욕구, 통제 욕구와도 관련이 있지만 여기에서는 소속감이 정상적인 사회적 관계의 필수 전제임을 지적하는 것만으로도 충분할 것 같다. 지금까지의 논의를 통해 우리는 매슬로의 욕구이론에서 가장 기초에 놓여 있는 사회적 욕구인 사랑과 소속감의 욕구가 '관계'와 밀접한 관련이 있는 욕구임을 확인했다.

    사랑과 소속감의 욕구가 좌절된다는 것은 곧 관계의 단절 혹은 파탄을 의미한다. 관계의 단절이나 파탄은 사회적 존재로서의 생존, 간단히 줄여 말하면 '사회적 생존'이 불가능해진다는 것을 의미한다. 일반적으로 생물학적 욕구가 좌절되면 육체적 생존이 위험해지지만 사회적 욕구, 그중에서도 가장 기초적인 욕구인 사랑과 소속감의 욕구가 좌절되면 사회적 생존도 위험해진다. 사람은 생물학적 존재가 아니라 사회적 존재이므로 생물학적 욕구의 좌절이 아니라 사랑과 소속감의 욕구가 좌절될 때 최악의 정신적 고통을 경험한다. 굶주림에 허덕이는 아프리카의 자살률보다 경제 부국임을 뻐기고 있는 한국의 자살률이 훨씬 더 높은 까닭이 바로 여기에 있다. 즉 한국은 사랑과 소속감의 욕구를 심각하게 좌절시키고 있는 비정상적인 국가, 관계의 단절과 파탄이 만연한 병적인 사회이기 때문에 자살률이 그리도 높은 것이다. 사랑과 소속감의 욕구는 사회적 존재로서의 생존에 필수불가결한 기초적인 욕구이기 때문에 그것이 반복해서 좌절되면 사람들은 사회적 존재로서의 삶을 이어 가는 것이 불가능하다고 생각한다. 물론 사람들은 어떻게든 먹을 것을 구할 수만 있다면 생물학적 존재로서의 삶을 이어 갈 수 있다는 사실 역시 알고 있다. 이럴 경우 사람들은 '사회적 존재로서의 삶을 포기하고 생물학적 존재로서의 삶을 받아들이느냐' 아니면 '사회적 존재로서의 삶이 불가능해진 상황을 거부하기 위해서 생물학적 존재로서의 삶까지 포기하느냐' 하는 선택의 기로에 놓이게 된다. 후자를 선택하는 것이 바로 인간의 자살이다.

② 자기존중의 욕구 그리고 자살

사회적 존재인 인간에게는 자기존중의 욕구가 있다. 자기존중은 사회로부터의 존중과 밀접하게 관련되어 있다. 타인들로부터 높은 평가를 받고 존경을 받은 경험이 많은 사람은 그만큼 자기를 존중하게 될 가능성이 크다. 반대로 타인들로부터 낮은 평가를 받고 무시를 당한 경험이 많은 사람은 그만큼 자기를 존중하지 못할 가능성이 크다. 이렇게 사회적 평가와 존경은 자기 자신에 대한 스스로의 평가나 존중에 커다란 영향을 미친다. 사람은 사회적 존재이므로 한 개인보다 사회가 더 중요하다는 사실을 알고 있다. 혹은 적어도 자기 자신보다 사회집단이 더 중요하다는 사실을 알고 있다. 가장이 가족을 위해 헌신하는 것, 군인이 국가를 위해 헌신하는 것은 이 때문이다. 사회적 존재인 인간은 나 하나보다는 사회집단 혹은 사회가 더 중요하다는 자각에 기초해 사회집단 혹은 사회의 발전을 절실히 원하게 되고 그것에 기여하고자 하는 소망을 갖게 된다. 이런 점에서 사회에 도움이 되는 삶, 사회에 기여하는 삶을 살고 싶은 것은 사회적 존재인 인간의 본성에서 우러나오는 욕구라고 말할 수 있다. 나 하나 잘 먹고 잘사는 것이 아니라 사회의 발전을 절실하게 바라는 인간의 소망은 사회에 기여하는 삶을 살고 싶다는 욕구로 표현되는데, 이것이 바로 자기존중 욕구의 본질이다. 극단적으로 병든 사회가 아닌 한, 사회발전에 기여하는 사람이 당연히 사회적으로 높은 평가와 존경을 받게 된다. 역사적으로 이순신 장군이나 안중근 의사 같은 분들이 사회적으로 높은 평가와 존경을 받고, 매국노인 이완용이나 간신인 한명회처럼 사회발전에 해가 되는 인간이 사회적으로 낮은 평가와 멸시를 받은 것은 이 때문이다. 예로부터 인류가 사람의 가치를 사회적 쓸모 혹은 사회적 기여도에 따라 평가했던 것은 한 개인보다는 사회 혹은 사회집단이 더 중요하다는 자각에 기초하고 있는, 사회발전에 기여하는 삶을 살고자 하는 사회적 욕구와 밀접한 관련이 있다. 결론적으로 자기존중의 욕구란 본질적으로 사회에 기여하는 삶을 살고자 하는 욕구이고, 그 부수적인 결과가 사회적 평가와 존경 그리고 자기존중이라고 말할 수 있다.

여기에서 한 가지 주의할 점은 사회적 평가와 존경은 사회에 더 많이 기여하느냐 덜 기여하느냐라는 결과적인 기여도보다는 의도나 과정과 더 큰 관련이 있다는 것이다. A라는 노동자는 하루에 구두를 5켤레 만듦으로써 세상에 기여한다. 반면에 B라는 노동자는 하루에 구두를 3켤레밖에 만들지 못한다. 그러나 이런 경우일지라도 A가 B보다 사회적으로 더 높은 평가와 존경을 받는다고 단정할 수 없다. 만일 A라는 노동자는 손재주가 아주 뛰어나서 하루에 10켤레의 구두를 만들 수 있는데도 5켤레만 만드는 반면, B라는 노동자는 손재주가 그다지 뛰어나지 않아 최선을 다해야만 하루에 3켤레를 만들 수 있다면 사람들은 오히려 B라는 노동자를 더 높이 평가가고 존경하기 때문이다. 즉 사람들은 누가 더 깨끗한 마음으로 사회에 기여하려고 노력하는가, 누가 최선을 다해서 사회를 위해 헌신하는가 같은 '과정'을 기준으로 누군가를 평가하지 누가 사회에 양적으로 더 많은 기여를 했는지와 같이 단순한 '결과'를 기준으로 평가하지 않는다. 따라서 원칙적으로 사회에 기여하는 성실한 삶을 사는 사람이라면 누구나 후한 사회적 평가와 존경을 받을 수 있고 또 받게 되어 있다. 사회에 필요한 재부와 서비스를 생산함으로써 사회에 기여하는 노동자, 세상 사람들에게 필요한 식량을 생산함으로써 사회에 기여하는 농민, 사회발전에 필요한 지식을 생산함으로써 사회에 기여하는 지식인은 사회적 평가와 존경을 받아야 마땅하다. 이것은 만일 정당한 기준에 따라 사회적 평가와 존경이 제공될 경우 대부분의 사람이 자기존중의 욕구를 충족시키면서 살 수 있다는 것을 의미한다.

  사람에 대한 평가와 존경은 사회에 기여하는 정도로 평가되어야 마땅함에도, 오늘날의 한국사회는 사람을 사회에 기여하는 정도가 아니라 재산이 많은 정도로 평가한다. 즉 오늘날의 한국사회는 돈이 많고 학벌이 우수하며 고소득, 전문직에 종사하는 사람을 높이 평가하고 존경―이것이 올바른 평가이고 또 진정한 존경인가의 문제는 일단 논외로 한다―하는 것이다. 동시에 오늘날의 한국사회는 돈이 없고 학벌이 낮으며 저소득, 단순직에 종사하는 사람은 낮게 평가할 뿐만 아니라 차별하고 무시한다. 이 때문에 한국에서는 사회적 평가와 존경을 받기 어려운, 99%에 해당되는 대부분의 한국인이 자기존중의 욕구를 실현하지 못해 고통스러워한다. 그렇지만 상위 1%에 포함되는 한국인들이라고 해서 자기존중의 욕구를 실현할 수 있는 것도 아니다. 자기존중은 본질적으로 돈과는 아무 상관이 없기 때문이다. 사기를 쳐서 부자가 된 사람, 뇌물을 받거나 아부를 해서 부자가 된 사람, 불량식품을 판매해서 부자가 된 사람 등도 한국과 같은 병적인 사회에서는 높은 사회적 평가와 존경을 받을 수 있다. 그러나 그런 사회적 평가와 존경은 진짜가 아닌 부러움과 아부의 위장된 표현일 뿐이다. 사실 자신이 사회에 기여하는 아름다운 삶을 살았는지의 여부는 자기 자신이 가장 잘 알고 있다. 물론 일부 극단적인 인간은 자기의 의식조차 왜곡하거나 위장하기도 하지만 그런 경우에도 최소한 자기의 무의식은 속이거나 위장하지 못한다. 높은 직위에 있는 매국노나 범죄 등으로 떼돈을 번 기업가 등의 인간성 상실자들이 공통적으로 자존감이 낮은 이유, 즉 자기존중의 욕구를 전혀 실현하지 못하는 까닭이 바로 여기에 있다.

사람이 자기존중의 욕구를 원만히 실현하려면 무엇보다 사람을 사회에 기여하는 정도로 평가하고 존경하는 건강한 사회가 되어야 한다. 비록 돈이 없어도, 번듯한 직업을 가지고 있지 못하더라도, 학력이 낮더라도 개인이기적인 삶이 아닌 사회에 기여하는 삶을 사는 착한 사람들이 높은 평가를 받고 존경을 받을 수 있는 사회가 되어야만 비로소 자기존중의 욕구가 원만히 충족될 수 있다는 것이다. 자기존중의 욕구가 반복적으로 좌절되면 사람은 자존감 상실, 자기혐오, 무가치감 등의 고통에 시달리게 되고 그것이 자살로 이어질 수 있다. 물론 자기존중의 욕구가 좌절되는 것은 사랑과 소속감의 욕구가 좌절되는 것처럼 자살에 직접적인 영향을 미치지는 않는다. 하지만 이것 역시 매우 중요한 사회적 욕구인 만큼 정신적 고통은 불가피하므로 자살에 상당한 영향을 미친다고 봐야 할 것이다.

매슬로가 언급한 자아실현의 욕구는 정신적 고통과는 밀접한 관련이 있지만 자살에 영향을 미치는 정도는 가장 낮다. 물론 그렇다고 해서 자아실현의 욕구가 자살과 무관하다고 말할 수는 없다. 자아실현의 욕구, 특히 창조적인 삶 혹은 생산적인 삶을 살고자 하는 욕구가 실현되지 않으면 삶의 의미를 상실할 수 있고, 권태감이 심해질 수 있다. 이런 심리가 곧바로 자살로 연결되지는 않을지라도 여타의 요인들과 결합되면 자살에 상당한 영향을 미칠 가능성이 있다.

참고로 나는 매슬로와는 다른 5가지의 사회적 욕구[78]를 제안했는데, 그것들 중에는 매슬로가 제안했던 사랑의 욕구와 자기존중의 욕구(자존의 욕구)가 포함되어 있다. 나는 자살과 관련해서는 이 두 가지 욕구가 가장 중요하다고 보기 때문에 나의 욕구이론은 별도로 소개하지 않을 것이다. 관심이 있는 분들은 기존의 내 저서들을 참고하기 바란다.

경제상황과 고통

사회가 인간의 자살 행동을 직접적으로 유발하지는 않는다. 사회는 인간에게 이러저러한 고통을 강요함으로써, 즉 고통을 매개로 사람들을 자살로 떠미는 역할을 한다. 여기에서는 고통을 유발하는 대표적인 사회문제 중 하나로 자주 거론되는 경제상황에 대해 살펴보기로 한다.

① 경제위기와 고통

기득권을 누리고 있는 사람들, 즉 잃을 것이 많은 자본주의 나라의 지배층과 지식인은 자본주의 체제가 변화하기를 바라지 않는다. 이들은 자본주의가 인류역사에 등장했던 시기부터 지금까지 끈질기게 자본주의의 무결성과 영원성을 선전해 왔다. 오늘날 자본주의 나라의 민중이 자본주의 체제가 가장 우수한 사회제도이고 영원할 것이라고 믿으며, 물질주의적 세계관 혹은 돈 중심의 세계관을 체질화하게 된 주요한 원인이 여기에 있다. 물질주의적 세계관은 물질 혹은 돈을 최고로 여기면서 모든 것을 물질이나 돈을 중심으로 평가하고 바라본다. 이 세계관에 의하면 물질적으로 풍요로운 나라가 가장 선진적인 나라이고 돈 많은 부자가 가장 훌륭한 사람이며, 물질적 풍요나 돈이 곧 행복이다. 만일 물질주의적 세계관이 옳다면 돈이 많아질수록 사회는 선진화되고 사람들은 행복해질 것이며, 돈이 부족해질수록 사회는 후진화되고 사람들은 불행해질 것이다. 한마디로 물질주의적 세계관이 옳다면 저성장 혹은 경제적 빈곤은 자살률을 높이지만 고성장 혹은 경제적 풍요는 자살률을 낮출 것이다. 그러나 현실을 보면 경제성장 혹은 물질적 풍요가 자살률을 오히려 증가시키고 있음을 알 수 있다.

자본주의가 세계적 판도로 확산되고 전성기를 구가하기 시작했던 1950년대부터 전 세계적으로 자살이 증가했다. 특히 자살률 그리고 자살의 주요한 원인으로 간주되는 우울증은 경제가 낙후된 후진국보다는 오히려 경제가 발전된 선진국에서 더 높게 나타난다. 한국의 경우 자살률은 유신독재 시기 이후부터 서서히 증가하기 시작한다. 잘 알려져 있듯이 유신독재 시기는 한국사회의 자본주의화가 본격화된 시기이며, 빠른 경제성장이 지속되었던 경제호황 시기였다. 꾸준히 증가하던 자살률은 IMF 경제위기 이후인 1998년부터 더욱 급격하게 증가한다. 이 상관관계만을 놓고 보면 경제위기가 자살률을 증가시켰다고 말할 수 있을지도 모른다. 그러나 경제위기를 극복하고 경제가 계속 성장하기 시작했던 2003년 이후의 자살률이 1998년의 자살률보다 높다. 즉 한국의 경우 경제상황이 비교적 양호했던 시기에도 지속적으로 자살률이 증가했고, 2003년 이후의 경제성장기의 자살률은 경제위기 시기인 1998년의 자살률보다 높다는 것이다. 한국의 자살률은 1998년을 분기점으로 급증한 뒤 지금까지 지속적으로 상승하는 추세를 보이고 있다.

경제성장과 자살률 간의 관계와 관련된 외국과 한국의 여러 사례를 종합해볼 때, 경제성장과 자살률은 직접적인 관계가 없다는 결론을 내릴 수 있다. 물론 경제상황이 자살에 이러저러한 영향을 미친다는 사실만큼은 분명하다. 그러나 경제 성장 여부는 자살에 직접적인 영향을 미치지 않는다. 다시 말해 경제 후퇴가 곧바로 사람들에게 정신적 고통을 강요하지는 않는다는 것이다.

'역사적으로' 한국에서는 총 GDP의 증가와 함께 자살률도 높아져 왔다. … 너무 많은 요소를 더 고려해야 하기 때문에 총 GDP 자체가 별로 의미 없는 숫자에 불과하다. … 안토니오 안드레스[Antonio R. Andres]라는 미국 학자는 유럽 국가들의 사례를 조사해 국가별 1인당 GDP는 자살률에 유의미한 통계적 유관성이 없다고 주장했다.[79]

자살의 경우 경제성장보다 더 중요한 것, 자살에 직접적인 영향을 미치는 요인은 사회의 건강성이다. 한국에서 IMF 경제위기 시기인 1998년부터 자살률이 급증했던 것은 경제위기 그 자체가 아니라 그것과 결부된 중장기적인 사회의 변화, 즉 한국사회가 신자유주의 체제로 변화된 것과 밀접한 관련이 있다. IMF 경제위기 이후에도 한국의 1인당 GDP는 꾸준히 증가했다. 그러나 승자독식의 분배원칙으로 인해 사회경제적 양극화가 극심해졌고, 개인 간 경쟁의 심화로 인해 인간관계가 적대적으로 변하고 공동체가 와해되었으며, 사회안전망의 부재와 결합된 해고와 실업으로 공동체나 사회에 대한 신뢰가 바닥을 쳤다.

극소수의 승자가 막대한 부를 거머쥐고 절대다수의 패배자는 생존조차 힘들어지는 경제적 양극화는 패배자가 되는 것을 극단적으로 두려워하는 심리를 보편화시켰다. 사람은 두려워하는 것을 혐오하는 법이다. 한국사회에서 패배자는 점차 혐오의 대상이 되었고 패배자혐오 심리가 전 사회에 만연되었다. 패배자를 따뜻한 시선으로 바라보며 품어 주려 했던 시절이 끝나고 패배자를 루저, 잉여인간, 찌질이 등으로 지칭하기 시작한 것도 이 시기부터다. 그런데 여기에서 주목해야 하는 것은 극소수를 제외한 대부분의 한국인, 99%에 달하는 한국인이 사실 패배자라는 사실이다. 패배자인 누군가가 패배자인 타인을 혐오하려면 당연히 패배자인 자기까지 혐오해야만 한다. 패배자인 자신을 사랑하는 사람은 패배자인 타인을 사랑하지만 패배자인 자기를 혐오하는 사람은 패배자인 타인을 혐오하기 마련이다. 이것은 백인들로부터 차별과 무시를 당하는 흑인들 중에서도 자신이 흑인인 것을 자랑스러워하는 흑인은 다른 흑인을 사랑하고 그들을 위해 싸우지만, 자신이 흑인인 것을 부끄러워하고 혐오하는 흑인은 다른 흑인을 깔

보고 무시하며 백인들에게 아부굴종하는 삶을 사는 사실 등을 통해서 쉽게 확인할 수 있다. 다수의 한국인이 자신이 패배자라는 사실을 부끄러워고 나아가 패배자인 자신을 혐오하게 되자 패배자혐오 심리가 한국사회를 완전히 뒤덮기 시작했다. 패배자인 자기를 혐오하는 사람은 패배자인 타인들을 사랑하지 못하며 그들과 연대하지도 못한다. 그는 어떻게 해서든 패배자의 무리에서 탈출해 승자가 되기를 꿈꿀 뿐이다. 이 때문에 자기혐오를 포함하는 패배자혐오가 사회에 만연되면 패배자 간의 사랑과 연대는 불가능해지고, 승자를 찬양하고 숭배하는 자기배반 혹은 계급배반 심리가 극심해진다. 한국사회에서 패배자혐오 심리의 만연은 대부분이 패배자들 사이의 관계인 한국인의 대인관계를 심각하게 파탄시키고, 공동체를 급격히 와해시켰다.

신자유주의 체제는 비정규직에 대한 차별, 성과급 임금, 업무평가제 등을 통해 개인 간 경쟁을 부추긴다. 그나마 1980년대까지의 한국사회는 집단 간 경쟁에 의해 굴러가는 자본주의 체제였다고 말할 수 있다. 학교, 공무원, 교사, 기업의 경우를 막론하고 각 사회집단 사이에서는 경쟁이 강조되었지만 적어도 각 집단 내에서는 경쟁이 아니라 단결과 협동이 강조되었다. 공무원의 경우만 하더라도 1990년대 초반까지만 해도 일이 끝난 뒤면 빈번하게 회식을 했고, 서로의 집에 놀러 갔으며 같이 여행을 다니는 등 가족처럼 친하게 지냈다. 그러나 공무원 사회에 성과급과 직무평가제 등이 도입되어 개인 간 경쟁이 독려되던 1990년대 후반을 지나면서부터는 서로의 집에 놀러 가거나 같이 여행을 다니는 풍경은 사라졌고, 일과 후의 회식 자리도 크게 줄었다. 더욱이 회식을 하더라도 속에 있는 말은 거의 하지 않게 되었다고 한다. 어제까지만 해도 친구였고 동료였고 가족이었던 사람들 사이의 관계는 어느덧 적대적인 경쟁관계로 변해 버렸다. 이런 식으로 한국사회의 기층 공동체들은 개인 단위로 파쇄되었고 개인들은 공동체를 상실한 채 고독자로 전락했다.

공동체가 붕괴되어 개인이 고독자로 전락하면 과연 어떤 일이 벌어질까? 가장 심각하고도 끔찍한 결과는 사람들 사이의 수평적 학대가 심해진다는 것이다. 개인들이 소속감을 느낄 수 있는 공동체가 있는 경우 사회적 스트레스는 공동체를 통해 건강한 방식으로 해결될 수 있다. 직장상사가 부당하게 부하직원을 괴롭히고 학대했다고 해보자. 공동체가 온전한 경우 그는 동료들에게 억울한 사정을 하소연할 수 있다. 그러면 동료들은 그를 위로해 주고 지지해 주며 같이 상사 욕을 해 준다. 이것은 기존의 공동체가 오늘날의 심리치료에서 언급되는 집단치유 기능을 담당해 왔다는 것을 의미한다. 만일 공동체를 통한 집단치유로 해결될 수 있는 사안이 아니라면 그와 동료들은 노동조합을 만들어 직장상사에게 집단으로 저항할 수도 있었다. 이렇게 사회적 스트레스를 건강한 방식으로 치유하고 해결하는 것은 한국의 경우 공동체가 온존되어 있었던 1980년대까지만 가능했다. 만일 공동체가 부재한 조건에서 직장상사에게 부하직원이 학대를 당하는 일이 발생하면 어떻게 될까? 학대를 당한 사람에게는 지지해 주는 공동체가 없다. 주변에는 온통 경쟁자들뿐이니 속마음을 털어놓기조차 불가능하다. 그 결과 그는 사회적 스트레스로 인한 고통과 분노를 주변의 만만한 약자들 혹은 무차별적으로 타인들에게 퍼붓는다. 만일 그가 대리라면 평직원들을 괴롭힐 것이고, 만일 그가 힘이 세다면 힘이 약한 직원을 괴롭힐 것이며, 만일 그가 회사에서 아무도 괴롭힐 수가 없다면 회사 밖의 누구라도 괴롭힐 것이다. 이런 심리현상을 심리학에서는 방어기제 중의 하나인 전치displacement라고 부르며, 한국 속담에서는 '종로에서 뺨 맞고 한강에서 화풀이한다'라고 표현해 왔다. 너무나 고통스럽고 화가 나는데, 고통을 주고 화가 나게끔 만든 대상과 맞서 싸우지 못할 경우 사람들은 길가의 쓰레기통이라도 걷어찬다. 결국 공동체가 붕괴되면 사회적 스트레스를 받은 개인은 그것을 건강하게 해결하지 못해 주변의 약자들에게 무차별적으로 분출한다. 그런 행동에 의해 사회적 스트레스를 받은 약자들은 다시 자기들보다 약한 이들을 향해 사회적 스트레스를 무차별적으로 분출한다. 이런 흐름이 전 사회적으로 얽히면 만인이 만인을 학대하는 풍조, 만인이 만인을 적대시하는 풍조가 극에 달한다. 오늘날의 한국사회를 뒤덮고 있는 수많은 인간혐오 심리, 약자에 대한 잔인한 공격이 바로 여기에서 비롯되었다고 말할 수 있다.

패배자혐오와 약자학대 현상이 한데 결합되면 자기보다 조금이라도 약하거나 부족한 이웃을 깔보고 경멸하며 학대하는, 불과 30

여 년 전만 해도 상상 속에서나 그려 보았을 법한 지옥도가 현실화된다. 오늘날의 한국사회에서 패배자혐오와 약자학대 현상에서 자유로운 한국인들은 그다지 많지 않다. 나보다 잘난 사람 앞에서는 주눅이 들고 나보다 못난 사람 앞에서는 어깨에 힘이 들어가는 사람은 모두 다 어느 정도는 패배자혐오와 약자학대 심리를 가지고 있다고 봐야 하기 때문이다. 대부분의 한국인이 패배자혐오와 약자학대 현상의 노예가 되었다는 것은 가족공동체까지도 최종적으로 붕괴되었음을 의미한다. 예전의 부부관계에 비하면 오늘날의 부부관계는 크게 달라졌다. 과거에는 가장이 사업을 하다가 파산해도 아내는 이렇게 말하곤 했다. "사업을 하다 보면 망할 수도 있지요. 같이 힘을 합쳐서 다시 일어섭시다." 그리고 남편과 아내는 리어카를 끌고 길거리에 나서 다시 시작한다. 오늘날에는 가장이 사업을 하다가 파산을 하면 아내는 이혼서류를 들고 와서 이렇게 말한다. "당신은 남편 자격을 잃었으니 어서 도장 찍으세요." 남편이 돈을 잘 못 번다는 이유로 남편을 미워하는 아내들의 이야기 혹은 그 반대의 이야기들은 이제 새삼스럽지도 않다. 한마디로 부부관계가 사랑으로 맺어진 관계가 아니라 경제적 동맹, 이용대상 사이의 계약관계로 전락하고 있다. 부모-자식 관계 역시 마찬가지다. 부모에게는 승리한 자식이 필요하지 패배한 자식은 필요 없다. 공부를 잘하는 자식은 장차 승자가 될 것이지만 공부를 잘하지 못하는 자식은 장차 패배자가 될 것이므로 부모는 자식이 공부를 잘 해야만 사랑을 준다. 공부 못하는 자식은 차별하고 학대한다. 전형적인 패배자혐오와 약자학대 현상이 아닌가? 한국의 자살 연구자들이 자살 문제와 관련해 가족의 지지체계 약화, 이혼율의 증가 등을 지목하는 것은 이와 관련이 있다.

한국사회에서 공동체는, 가족공동체를 포함해서, 전면적으로 붕괴되었다고 해도 과언이 아니다. 전 사회에는 고독이 차 넘치고 패배자가 되는 것을 극도로 두려워하는 사람들은 돈을 위해서라면 기꺼이 영혼도 팔고 있으며, 패배자혐오 심리에 젖어 다른 패배자들, 이웃인 약자들을 조롱하고 학대한다. 오늘날의 청년들이 한국을 헬조선이라고 부르게 된 데에는 아마 이런 풍조가 한몫했을 것이다. 아무튼 한국의 경우 1998년을 기점으로 20년 만에 자살자가 4배 이상 급증하고 그 이후로도 자살률이 지속적으로 증가하고 있는 이유는 경제성장 그 자체의 문제라기보다는 경제성장을 빌미로 한국에 상륙한 신자유주의 체제가 초래한 중강기적인 사회의 변화에서 비롯되었다고 말할 수 있다. 즉 자살에는 경제성장이 아니라 사회의 변화, 특히 관계의 질, 공동체의 존재 여부가 결정적인 영향을 미친다는 것이다.

② 돈과 고통

대다수 한국인들의 가장 큰 착각 중 하나는 자신이 돈이 없어서 불행하고, 돈이 없어서 고통을 경험한다고 믿는다는 것이다. 이러한 착각은 한국인들의 유서를 통해서도 쉽게 확인할 수 있다.

1999년에 자살했던 한 33세의 여성은 유서에서 이렇게 말했다. "돈 때문에 한이 맺혔소."[80] 2004년에 자살했던 한 62세의 남성은 "'돈이 없는 탓'에 자신이 죽는다"면서 "500만 원만 있어도 자살을 하지 않을 것"[81]이라는 유서를 남겼다. 2005년에 자살했던 한 30세 남성은 "난 집에 조금만 돈이 있었어도 고등학교 졸업하고 대학 갔을 거야"[82]라고 자기 신세를 한탄했다. 이런 유서들을 액면 그대로 해석할 경우 돈이 없으면 고통이나 불행을 피할 수 없고, 그에 따라 자살할 가능성이 높아질 것이라는 오해를 하기가 쉽다.

돈이 곧 고통의 화근이라면 돈이 없는 사람과 돈이 있는 사람 사이의 자살률에는 큰 차이가 있어야 한다. 즉 돈이 많을수록 자살률은 낮아져야 한다는 것이다. 과연 그럴까? 이 주제와 관련해 『왜 자살하는가』의 저자인 에릭 마커스는 다음과 같이 묻고 대답한다.

"경제적으로 부유한 가정과 불우한 가정의 자살률에 차이가 있는가? 차이가 없다."

사실 소득수준을 기준으로 자살 통계들을 살펴보면 미국이나 한국의 경우 부유층의 자살률이 가장 높다는 것을 알 수 있다. 미국은 진작부터 소득기준 상위 10%의 자살률이 가장 높았고 한국 역시 2010년 정도를 기점으로 소득기준 상위 10%의 자살률이 1위를 기록하게 되었다. 더욱이 한국에서 부유층의 자살률은 매우 빠른 속도로 증가하고 있다. 이것은 돈이 많다고 해서 고통이 줄어드는 것이 아니며, 자살을 적게 하는 것도 아니라는 것을 보여 준다.

경제상황처럼 돈은 고통의 직접적 원인이 아니라 간접적, 매개적 요인이다. 자본주의 사회는 돈이 있어야만 생존이 가능한 사회이다. 사회안전망이나 사회복지제도가 취약할수록 돈의 중요성은 더 커진다. 만일 무상으로 교육을 받을 수 있고, 무상으로 치료를 받을 수 있으며, 노후가 보장된다면 돈이 많지 않다는 사실이 그다지 심각한 고통으로 이어지지는 않을 것이다. 반면에 돈이 없으면 당장 굶주려야 하고 병에 걸리면 죽어야 하며, 자식들이 학교에서 각종 불이익과 모욕을 당해야만 하는 사회라면 가난이 고통으로 이어질 것이라고 예측할 수 있을 것이다. 그러나 이런 예측도 100% 정확한 예측은 아니다. 왜냐하면 돈을 만지기 힘들어서 굶주림에 시달리는 아프리카 나라들의 자살률은 낮은 편이기 때문이다. 그렇다면 돈이 없는 것이 필연적으로 고통으로 이어지는 병든 사회는 어떤 사회일까? 결론부터 말하면 돈이 없으면 중요한 사회적 욕구의 실현이 좌절되는 사회가 병든 사회이고, 이런 사회에서는 돈이 없는 것이 곧 고통이 될 수 있다. 2003년에 자살했던 26세의 남성은 다음과 같은 유서를 남겼다.

"오늘 잠이 들었는데 내일 아침이 오지 않기를 바래 본 적이 있으신가요? 빚에 쪼들려 힘들게 하루하루를 보내면서 사랑하는 가족들에게 거짓말을 해보신 적이 있나여? 살아 있다는 것이 저주스럽고 시간시간을 고통 속에서 절망 속에서 보내야 하는 저의 심정 …
너무 힘이 들어여. 이젠 편히 쉬고 싶습니다."[83]

이 남성은 무엇을 두려워하고 있는가? 돈은 없고 빚만 지고 있
는 상황을 두려워하고 있다. 그렇다면 돈은 없고 빚만 지고 있는
상황이라는 것은 도대체 무엇일까? 그것은 사회로부터 냉대당하
는 상황을 의미한다. 한국의 경우 돈은 없고 빚만 있더라도, 의지
만 있으면 어떻게든 육체적 생명은 부지할 수 있다. 그렇지만 사
회적 생명은 부지하기 어렵다. 이 남성은 세상 사람들이 자기를
하찮은 존재로 취급할까 봐 두려워했을 것이다. 아마 장가도 가기
어렵다고 믿고 있었을 것이다. 개인적인 사정이 있겠지만, 이 남
성은 가족들에게까지 거짓말을 해야만 했다. 아마 돈은 없고 빚만
있는 자기를 가족들이 더 이상 사랑해 주지 않을까 봐 그랬을 것
이다. 세상 사람들, 심지어 가족에게조차 받아들여지지 못하고 인
정받지 못하는 상황은 말 그대로 절망적인 상황일 수밖에 없다.
한국인은 돈이 없으면 사회적 존재에게 가장 기초적인 욕구라고
할 수 있는 사랑과 소속감의 욕구가 좌절되는 충격적인 경험을 해
야만 한다. 혹은 그런 경험을 하게 될 거라고 예상해야만 한다. 사
랑과 소속감의 욕구가 좌절되는 것은 곧 사회적 존재로서의 생존
을 거절당하는 것이다. 돈이 없으면 한국인이 극심한 고통을 체
험해야만 하는 까닭이 바로 여기에 있다. 더욱이 한국에서는 돈이
없으면 사람대접을 받지 못한다. 돈이 없으면 사회적 존경을 받을

수 없기 때문에 자기존중의 욕구 또한 좌절된다. 자기존중을 하지 못하는 상태가 지속되면 필연적으로 타인들과 자기를 비교하며 자기혐오에 빠지게 되는데, 패배자인 자기를 혐오하는 이런 심리는 2004년에 자살했던 42세의 남성의 "○○는 아파트도 있는데 나는 빚쟁이야"[84]라는 글에 생생하게 드러나 있다.

③ 불평등과 고통

흉년이 든 어떤 농촌마을이 있다고 해보자. 만일 모든 집이 하루에 한 끼만 먹을 정도로 궁핍하지만 마을 사람들 사이의 관계가 양호하다면 마을 사람들은 단지 배고픔의 고통만 감당하면 된다. 그러나 대부분의 집이 하루에 한 끼만 먹을 정도로 궁핍한 데다 마을 사람들 사이의 관계가 최악이라면 사정이 크게 달라진다. 마을 사람들은 배고픔의 고통이나 서러움을 이웃들과 함께 나눌 수가 없으며, 심지어는 마을 사람들이 사소한 차이를 빌미 삼아 서로를 차별하고 무시한다면 마을 사람들은 배고픔의 고통과는 비교가 되지 않는, 훨씬 더 견디기 힘든 정신적 고통을 경험하게 된다. 여기에 더해 극소수의 부자들이 남아도는 쌀로 매일 같이 잔치판을 벌인다면 상대적 박탈감으로 마을 사람들의 고통은 더욱 커질 것이다.

고통을 기준으로 볼 때, **가난보다 더 나쁜 환경은 불평등이다.** 나아가 그것에 더해 평범한 사람들 사이의 관계가 악화되는 것이야말로 최악의 환경이라고 할 수 있다. 이를 정리하면 다음과 같다.

첫째, 극소수의 부자와 다수의 가난한 민중으로 사회가 양극화되어 있는 경우. 사회양극화가 심화되더라도 다수의 가난한 민중이 연대감을 유지하고 있다면, 즉 민중이 공동체에 소속되어 살아가고 있다면 고통은 건강한 방식으로 해결될 수 있다. 낮은 수준의 고통은 가난한 민중끼리 서로 위로하고 지지해 주는 집단치유 과정을 통해 조절되고 경감될 수 있다. 심리학에서의 집단치료를 통해 증명되었듯이, 동병상련의 처지에 있는 이들이 서로를 위로해주고 지지해 주는 것은 강력한 집단치유 효과가 있다. 만일 고통의 크기가 너무 커서 집단치유로 조절되거나 경감될 수 없는 상황이라면 민중은 고통을 유발하는 근원을 제거하기 위한 행동에 나서게 된다. 부자들한테 심한 학대를 당하다가 자살하거나 부자들한테 저항하다가 살해당한 사람이 발생하여 민중의 저항운동이 폭발하는 경우를 예로 들 수 있다. 이렇게 가난한 민중이 건강한 관계로 연결되어 있고, 공동체로 묶여 있으면 불평등으로 인한 고통은 그나마 견딜 만한 고통이 되거나 사회변혁의 에너지로 변환된다. 80년대 이전까지의 한국사회가 그나마 여기에 해당된다고 할 수 있다.

둘째, 극소수의 부자와 다수의 가난한 민중으로 양극화되어 있는데다가 민중이 파편화되어 서로 반목하고 있는 경우. 개개의 민중은 부자들한테서 받는 고통에 더해 이웃들로부터도 고통을 받는다. 부자인 사장에게 부당한 대우를 받는 비정규직 노동자가

정규직 노동자들로부터도 고통을 당하는 것, 휴거('휴먼시아 거지'
의 준말로서 임대아파트에 사는 아이들을 조롱하는 신조어)라는 말처
럼 가난으로 주눅 들어 있는 어떤 학생이 학교에서 친구들에게까
지 차별과 무시를 당하는 것 등을 예로 들 수 있다. 민중이 공동체
로 묶여 있지 않으면 불평등이 야기하는 고통을 회피하거나 치유
할 수가 없어서 일단 고통의 크기 자체가 엄청나게 커진다. 민중
이 서로 반목하면서 서로를 차별하고 무시한다면 동창회에 갈 때
도, 선을 보러 나갈 때도, 길을 걸을 때도, 운전을 할 때도 타인들
이 자기를 무시할까 봐 신경을 곤두세우게 되므로 고통은 만성화,
일상화되어 사람들은 극심한 정신적 피로감에 시달리게 된다. 한
마디로 민중이 공동체를 상실할 경우 고통은 극대화되고 만성화
되는 데 반해 집단치유는 거의 불가능해진다. 따라서 개개의 민중
은 정신건강의 악화를 피할 수 없고 그것을 견뎌내는 것이 한계점
에 달하면 차례로 자살한다.

지금까지 살펴보았듯이, 가난한 사회가 곧 병든 사회인 것은 아
니다. 병든 사회란 사회경제적 불평등과 공동체의 붕괴가 결합되
어 있는 사회, 그 결과 평범한 이웃들이 서로를 불신하고 적대시
하며 서로를 차별하고 무시하는 사회라고 말할 수 있다. 따라서
자살을 유발하는 고통은 단순한 경제성장만으로는 줄일 수가 없
고, 사회경제적 불평등의 해소 그리고 관계와 공동체의 복원을 통
해서만 줄일 수 있다.

3
최악의 고통은 고독

관계 악화가 바로 고통이다

─────

　지금까지 살펴보았듯이, 경제적 문제나 생활고 그 자체가 자살을 유발할 정도의 극심한 고통으로 이어지는 것은 아니다. 직장을 다니다가 해고를 당했다거나 사업을 하다가 파산을 했을 경우에도 '희망'이 있고 '관계'가 있으면 고통이 그다지 심하지는 않을 것이다. 쉽게 말해 '다시 취직하면 되지', '재기할 수 있어'라고 생각할 수 있다면 자살할 정도의 고통을 경험하지는 않는다는 것이다. 또한 위기상황에 있는 자기를 둘러싼 사회적 지지망이 있는 경우에도 고통은 줄어든다. 사회적 지지망이란 간단히 말해 절박한 상황이나 곤궁한 상황에서 기댈 곳을 의미한다. 직장을 다니다가 해고를 당하더라도 북유럽 나라들처럼 2년 동안 직장에서 받던 임금의 80%를 받을 수 있다거나 사업을 하다가 파산을 하더라도 생활비를 보조받을 수 있다면 고통은 크게 줄어들 것이다. 사회보장제도가 다소 부실하더라도 곤궁한 상황에서 친인척이나 가까운 이웃으로부터 도움을 받을 수 있다면 역시 고통은 줄어들 것이다. 결국 경제적 문제나 생활고는 희망이 있고 관계(사회적 지지망)가 있으면 자살을 유발할 정도의 고통으로 이어지지는 않는다는 것이다. 오늘날의 한국사회에서 경제적 문제나 생활고가 자살을 유발하는 심한 고통으로 이어지곤 하는 것은 경제적 문제가 단순히 경제적 문제에서 그치지 않고 불안과 공포, 모욕감이나 수치감, 관계의 파탄 등 연쇄적인 부작용을 낳는 것과 관련이 있다.

> 빚을 졌더라도 그것이 생명과 존재 전체를 위협할 정도가 아니라면, 조금 더 버틸 수 있다면, 그리고 만약 독촉하며 괴롭히는 압력이 없다면, 또는 빚 때문에 가정불화나 다른 갈등이 추가로 야기되지 않는다면, 자살하지 않을 것이다. 또는 자신이 빚을 졌더라도 갚아줄 타인(부모, 친족 공동체 등)이 있으면 자살하지 않는다.[85]

위기상황에서의 희망과 사회적 지지망은 서로 밀접한 관련이 있다. 사회적 지지망이 튼튼하면 희망을 품기가 용이한 반면 사회적 지지망이 부실하면 희망을 품기가 어려워진다. 즉 희망을 좌우하는 가장 큰 변수 중의 하나가 바로 사회적 지지망이다. 위기상황에서의 희망과 건강한 관계 역시 밀접한 관련이 있다. 위기상황에서도 등을 돌려 버리지 않는 건강한 관계가 있다면 희망을 품기가 용이하겠지만 위기상황이 되자 모두가 등을 돌려버린다면 희망을 품기가 어려워진다. 이렇게 희망이란 이론적으로나 현실적으로나 관계와 밀접한 관련이 있다. 즉 그것이 사회적 지지망과 같은 사회적 관계이든 친밀한 가족이나 이웃들과의 관계이든 간에 지지적이고 건강한 관계는 희망과 비례관계에 있다는 것이다.

관계가 고통의 증가 그리고 그로 인한 자살 증가에 가장 큰 영향을 미친다는 사실은 다음과 같은 현상들을 통해서도 확인할 수 있다.

① 경제가 성장하더라도 관계가 악화되면 자살이 증가한다. 자본주의 나라들, 특히 한국처럼 신자유주의의 폭격을 받은 나라들에서는 예외 없이 자살이 급증했다. 한국의 경제는 우여곡절이 있기는 했지만 꾸준히 성장을 해 왔다. 그럼에도 자살은 줄어들지 않고 계속 증가했는데, 이것은 경제가 성장하더라도 관계가 악화되면 고통이 심해지고 자살이 증가한다는 것을 명확히 보여 준다.

② 객관적인 위기상황일지라도 관계가 호전되면 자살은 줄어든다. 기아가 창궐하고 있는 아프리카 나라들, 전쟁이 국토를 유린하고 있는 나라들이라고 해서 반드시 자살률이 높다는 법은 없다. 앞에서도 언급했듯이 만성적인 굶주림에도 불구하고 아프리카 나라들의 자살률은 한국보다 훨씬 낮으며, 전쟁 중인 이라크와 같은 나라들의 자살률도 한국보다 훨씬 낮다. 사실 "역설적이게도 자살은 사회가 풍요롭고 안정되면 될수록 증가하고 정치적 위

기나 전쟁 중에 감소한다"[86]는 말이 보여 주듯, 정치적 위기나 전쟁 시기에는 자살이 증가하기보다는 오히려 감소하는 경향이 있다. 가난이나 전쟁과 같은 객관적인 위기상황 혹은 열악한 환경이 곧바로 자살률 증가로 이어지지 않는 까닭은 무엇일까? 그것은 위기상황에도 공동체가 아직 존속하고 있거나 위기상황이 공동체를 복원시켜서라고 말할 수 있다. 다음의 지적처럼, 일반인들의 통념과는 달리 흔히 재난은 사람들 간의 연대감을 증가시킨다.

일반적으로 전쟁은 특별히 불행한 일이라고들 생각하지만 전쟁이 계속되고 있는 중에는 자살이 감소한다. 특히 애국심이라는 집단 감정에 의해 자살이 억제된다.[87]

자살의 제1원인

관계의 파탄은 필연적으로 극심한 정신적 고통으로 이어진다. 건강한 관계를 상실하면 인간은 예외 없이 고독감, 고립감, 외로움, 쓸쓸함 등에 시달린다. 이 각각은 약간씩 차이가 있지만 여기에서는 편의상 관계의 상실, 관계로부터의 배제로 인한 이런 다양한 감정들을 대표해서 '고독'이라는 개념을 사용할 것이다.

일찍이 뒤르켐이 사회통합모델을 통해 '의미 있는 관계가 많을수록 자살률이 낮다'[88]고 주장한 이래 고독이 자살의 첫째 원인이라는 사실은 수많은 연구에 의해 반복적으로 확인되었다. 고독이 자살의 첫째 원인이라는 것은 인간이 가장 견디기 힘들어 하는 정신적 고통 혹은 인간이 가장 두려워하는 정신적 고통이 고독이라는 것을 의미한다.

스텐겔(Stengel, 1964)은 '사회적 환경'이 아니라 '사회적 고립'이 자살과 좀 더 직접적인 연관이 있다고 주장했다. 자살로 사망한 노인을 조사했던 마리스(Maris, 1969)는 이들이 '자살 시점에 친구, 친척, 기타 동료들과 신체적으로 고립되어 있었음을 발견'했다. 기든스(Giddens, 1971)는 '자살은 자신이 의지하던 중요한 관계에서 고립될 때 나타난다'고 강조하며 '자살자'가 '완전한 사회적 고립을 보이는 경우가 많았다'고 주장했다.[89] 정신의학자 에런벡(Aron Beck)은 '자살의지 척도'를 만들었는데, 그에 의하면 그 척도 중에서 가장 중요한 문항인 '고립도'가 자살에 크게 영향을 미친다.[90] 이 외에도 기혼자의 자살률이 가장 낮고 이혼, 혹은 사별한 경우의 자살률이 가장 높다는 연구[91], 반복적으로 거주지를 옮긴 사람들과 이주가 잦은 지역일수록 자살률이 높다는 연구[92] 등도 고독이 자살의 주요 원인임을 암시해 주고 있다.

통상적으로 자살에 관한 사회학적 접근은 자살의 원인을 사회에서 찾는다. 그러나 이런 이론들을 좀 더 깊이 들여다보면 자살의 제1원인이 고독임을 쉽게 확인할 수 있다.

① 지위변동 이론The Status Change Theories

깁스와 포터필즈(Gibs and Potterfields, 1960)는 '직업위신과 사회적 이동성'에 관한 연구를 통해 개인의 지위 변화가 자살을 유발한다고 주장했다. 이런 지위변동 이론은 뒤르켐 이후 사회학적으로 가장 폭넓은 지지를 받아 왔다. 이 이론에 의하면 개인의 지위가 상향 이동하는 경우에는 긴장을 일으켜서 사회적 관계의 결핍을 야기하고, 개인의 지위가 하향 이동하는 경우에는 사회적 기대에 부응하지 못하는 좌절을 겪게 함으로써 사회적 관계의 결핍을 야기한다. 이런 식으로 지위이동이 자살에 영향을 미치며, 특히 하향 이동이 미치는 영향이 더 크다.[93] 지위변동 이론에 의하면 지위변동은 '관계의 결핍'을 결과한다. 그렇다면 관계의 결핍이 초래하는 심리는 무엇일까? 바로 고독이다. 즉 지위변동 그 자체보다는 그것의 최종적인 심리적 결과인 고독이 문제라는 것이다.

미국의 사회학자 C. 라이트 밀스는 『개성과 사회구조: 사회제도의 심리학Character and Social Structure: The Psychlology of Social Institution』(1953)에서 전통적인 지위변동 이론에서 한 걸음 더 나아가 공동체 붕괴가 자아 상실 혹은 정체성 상실을 초래한다고 강조했는데, 이것은 사회학을 심리학과 융합하려는 의미 있는 시도였다. 그에 의하면 현대 자본주의사회에서 사회는 개인들에게 안정적인 역할이 아니라 '불안정하고 급변하는 역할'을 기대한다. 한국인들이 끊임없이 자기계발 압력을 받는 것에서 확인할 수 있듯이, 인간 자체가 상품화되는 현대 자본주의 사회에서 인간은 스스로를 끊임없이 신상품으로 탈바꿈하도록 강요받는다. 이로부터 개인들은 "남들에 의해 변화하는 기대와 평가"[94]에 부응하기 위해 살아가게 되고 그 결과 자아 혹은 정체성을 상실하게 된다. 그런데 밀스가 직접 언급하지는 않았지만, 사회나 타인들의 변덕스러운 기대에 부응하기 위해 살아가는 삶은 필연적으로 건강한 관계를 상실하게 만든다. 그것은 무엇보다 자아를 상실하거나 정체성을 상실할 경우 건강한 관계를 맺는 것이 어려워지기 때문이다. 정체성이 뚜렷하지 않은 사람은 타인들을 일관성 있게 대하지 못하고 그들이 기대하는 바에 부응하기 위해 임기응변식으로 대응한다. 이런 식으로 타인들과 관계를 맺는 사람은 피상적인 인간관계를 넘어설 수 없다. 한편 건강한 관계가 결핍될수록 사람들은 타인들의 기대에 더 광적으로 부응하려 하는데, 그렇게 하지 않으면 사회나 타인들로부터 버림받을 수 있다고 믿기 때문이다. 직접적으로 자살이라는 주제를 다루지는 않았지만 밀스의 견해는 사회의 변화가 심리의 변화를 초래하며, 그 주요한 결과 중의 하나가 고독이라는 사실을 보여 준다.

② 사회해체론

사회해체론은 인간이 거주하는 환경적 요인이 인간의 행동에 영향을 미친다는 생태학적인 전제에 기초해 자살 문제를 바라본다. 슈미트(Schmidt, 1928)는 자살률이 도시의 중심 지역에서 가장 높고, 외곽을 향해 나갈수록 감소한다는 공식통계를 발견했다. 그는 이 차이의 원인을 사회해체에서 찾았는데, 사회해체의 가장 중요한 지표는 이동성, 사회적 익명성, 사회적 관계의 접촉률 등이다. 슈미트에 의하면 사회해체가 자살을 포함하는 대부분의 일탈 행동을 야기한다.[95] 사회해체라는 말에서 금방 직감할 수 있듯이, 사회해체는 관계의 단절이나 파탄 혹은 친밀한 관계의 피상적인 관계로의 대치를 초래한다. 이것이 초래하는 대표적인 심리적인 결과는 고독이다.

이 외에도 마리스(Maris, 1969)는 "특정 지역 거주민의 이동성의 총량이 많을수록, 그리고 특정 지역에서 고등교육 수혜자와 화이트칼라 계층 거주민의 비율이 높을수록 자살률이 늘어난다"고 강조했고, 웬즈(Wenz, 1974)는 "사회적 통합력의 약화가 사회적 고립감을 증가시켜 자살률을 증가시킨다"고 주장했다.[96] 알박스(Halbwachs, 1930) 역시 "어떤 지역의 사회적 분화의 정도가 그 지역의 자살률을 설명하는 가장 중요한 변수"[97]라고 지적했다. 이 중에서 고등교육 수혜자와 화이트칼라의 자살률이 높은 것과 관련해 신흥 중류층이라고 할 수 있는 고등교육 수혜자와 화이트칼라가 하류층보다 개인주의적 경향이 더 크다는 점을 지적할 필요가 있다. 즉 슬럼가에서 이웃들과 더불어 생활하는 저학력자나 공장에서 집단으로 노동을 하는 블루칼라가 화이트칼라보다 상대적으로 더 친밀한 관계를 맺고 있을 가능성이 높다는 것이다. 아무튼 사회해체론의 심리적 결과 역시 고독임은 쉽게 알 수 있을 것이다.

사회학적 이론들이 제안하는 자살에 영향을 미치는 사회변화는 그것이 정신적 고통과 관련이 있는 심리현상을 초래함으로써 자살에 영향을 미친다. 그리고 지금까지 살펴보았듯이, 자살에 관한 사회학적 이론들이 주목했던 사회변화가 초래하는 가장 중요한 심리현상은 고독이라고 말할 수 있다.

고독이 자살의 제1원인임은 자살자들의 유서에서도 생생하게 드러나고 있다. 다음은 자살자들이 남긴 유서들이다. 이 중에서 '고독'과 관련이 있는 대목은 진하게 표시되어 있다.

매 순간이 끔찍해

…

나 숨만 쉬고 있을 뿐 정신은 오래 전에 죽은 것 같아

…

누군가에게 의지하고 싶은데

아무도 날 받아 주지 않을 거야.[98]

죽을 때 아프지 않을까?

…

좀 무서워. **너무 외롭구.**[99]

슬프고 두렵지만, 안타깝지만 어쩔 수 없다

그 누구도 사랑할 수 없구나

엄마한텐 너무 죄송스럽지만 난 실수로 이 세상에 던져진 거야

그런 거야. 그거야. 이제 사람들이 무섭다

밖은 나가면 너무 어색하고 힘들다

힘이 들어 견딜 수 없다.[100]

죄송합니다.

우울하고 외로워서 혼자 살기가 힘이 듭니다.[101]

그 사람도 나를 외면했는데 어느 누가 나를 맞이해 줄까.[102]

너무도 힘든 세상입니다. 누구하나 어떤 곳 의지할 수 없습니다.[103]

고독은 세상천지에서 자기 혼자 고립되어 있다고 판단될 때 체험하는 감정이다. 고독은 무엇보다 사랑과 소속감의 욕구가 좌절된 것의 직접적인 심리적 결과이다.

사랑의 욕구가 좌절된다는 것은 곧 타인들이 나를 사랑하지 않고 나도 타인들을 사랑할 수 없다는 것이다. 타인들이 나를 사랑하지 않는다는 믿음은 내가 세상에 받아들여지지 않는다, 수용되지 않는다는 느낌으로 이어진다. 역으로 말하면 사회에서 버림받았다는 느낌을 갖게 된다는 것이다. 사회에서 버림받은 사람이 타인들을 사랑한다고 해서, 사랑하고 싶다고 해서 그들이 그의 사랑을 받아줄 리 만무하다. 결국 이런 사람은 사람들을 만나는 것조차 힘들어할 수밖에 없다.

사랑이 불가능하다면 관계란 없다. 어느 곳엔가 소속될 수도 없다. 이런 상황에서 체험하는 감정이 바로 고독이다. 고독은 인간에게 가장 끔찍한 정신적 고통이다. 이런 점에서 고독이 자살의 제1원인이 되는 것은 당연하다 할 것이다.

자살이라는 죽음은 가장 '고독한' 종류의 죽음이다. 자살을 기도하는 순간, 그들은 모두 외롭디외로운 단독자이며 일종의 '천애고아'가 된다.[104]

인간의 모든 고통은 고독으로 수렴된다

자살을 유발하는 정신적 고통 중에는 고독이 아닌 다른 것들도 있다. 하지만 그것들 중에서 상당수가 고독과 관련이 있거나 고독을 초래한다는 점에 주목할 필요가 있다.

① 애정결핍과 상실

애정결핍이나 상실로 인한 고통은 본질적으로 고독과 밀접한 관련이 있다. 사랑을 받지 못해 병에 걸리거나 극단적인 형태로 죽음을 선택하는 아이들이 있다. "저도 죽으면 부모님의 관심을 받을 수 있겠다는 생각이 들기 시작했죠"[105]라는 한 학생의 절규는 사랑받지 못해 고독에 몸부림치는 고통이 어떤 것인지를 미루어 짐작하게 한다. 부모로부터 사랑받지 못하는 아이는 고독할 수밖에 없다. 애정결핍이 심한 아이는 성장해서도 고독에 시달릴 가능성이 높다. 나를 낳아 주고 키워 주는 부모조차 나를 사랑해 주지 않았는데, 사회에서 만나는 타인들이 자기를 사랑해 줄 거라고 믿기란 무척 어렵기 때문이다.

가족에게조차 외면당하고 철저히 버림받는 마당에 사회에서 따뜻한 손길을 내밀 것이라고 기대하기는 어려운 일이다.[106]

상실 역시 고독과 연결될 때 비로소 자살행동에 영향을 미친다. 가까운 누군가를 상실하는 경험은 누구에게나 고통스럽다. 일반적으로 상실의 고통이나 아픔은 시간이 흐르면 자연적으로 치유되는데, 만일 그런 상실이 고독으로 이어지면 고통은 극대화된다. 상실이란 관계가 끊어지는 것을 의미하는데, 대체로 건강한 사람은 단지 한 사람과의 관계만 가지고 있는 것이 아니라 여러 사람과 관계를 맺고 있다. 따라서 그에게 상실은 비록 큰 슬픔을 유발하기는 하지만, 여러 관계 중에서 하나가 끊어지는 것일 뿐이고 새로운 관계도 계속 만들어지므로 상실이 즉각 고독으로 연결되지는 않는다. 그러나 만일 단 한 사람과의 관계만 있었던 사람이라면 얘기가 완전히 달라진다. 유일한 관계의 상실은 곧바로 고독을 초래할 수 있다. 무섭고 힘겨운 세상을 같이 헤쳐 나가던 유일한 동맹자를 상실함으로써 그는 세상에 홀로 남게 되었기 때문이다. 1889년 프랑스에서 조르주 에르네스트 장 마리 블랑제라는 사람은 연인을 잃자 다음과 같은 말을 남기고 나서 자살했다.

"그녀는 이미 존재하지 않는다. 그녀와 함께했던 지난 몇 년간이 내 인생에서 유일하게 행복한 순간이었다."[107]

로미오와 줄리엣처럼 연인이 죽으면 상대방을 따라서 자살하는 이들을 간혹 찬양하는 이들이 있는데, 그것은 그리 찬양할 만한 일이 못 된다. 블랑제의 유언이 보여 주듯 그에게는 연인과의 관계가 유일한 관계여서 연인이 없이는 행복할 수가 없었다. 엄밀히 말해 그는 세상 사람들 그리고 세상과 건강한 관계를 맺는 데 실패한 사람이고, 어떤 공동체나 사회집단에 대해서도 소속감을 느낄 수 없었던 사람이며, 연인과의 소꿉놀이 외에는 건전한 인생목표가 없었던 사람이었다. 사실 이런 사람이 연인을 제대로 사랑하는 것, 건강하게 사랑한다는 것은 거의 불가능하다. 어쨌든 지금의 논의에서 중요한 것은 상실이 고독으로 귀결되어야 비로소 자살에 영향을 미칠 수 있다는 것이다.

② 짐이 된다는 느낌

상대방이나 가족에게 부담을 준다거나 짐이 된다는 이유로 자살하는 사람들이 있다. 예전에 한국의 TV드라마들에서는 불치병 진단을 받자 연인에게 짐이 되기 싫다며, 연인을 떠나 죽음을 기다리는 장면들이 심심치 않게 등장하곤 했다. 그런데 실제로 이와 유사한 이유로 자살을 선택하는 이들이 있다. 예를 들면 병을 앓는 와중에 자신이 자살하지 않으면 가족에게 경제적 부담을 준다며 자살을 선택한 사람도 있고, "자신이 오래 살면 온 가족이 우울증에 걸릴 것 같아서 먼저 죽는다"[108]며 자살한 사람도 있다. 그런데 이 '짐이 된다는 느낌'은 과연 고독과 어떤 관련이 있을까? 2008년 충북 괴산에서 자살했던 한 10대 청소년이 일기장에다 남긴 다음의 글을 한번 살펴보자.

할머니께 너무 죄송스럽다. 고생하시면서 나를 뒷바라지해 주시는데 난 너무 병신 같다. 죽고 싶다.[109]

이 청소년은 자신을 '병신 같다'고 표현하고 있는데, 이를 통해서 '짐이 되는 느낌'이 무엇인지를 짐작해 볼 수 있다. 독립적인 두 인격체 간의 평등하고 건강한 관계는 의존-피의존, 지배-복종의 관계 등이 될 수 없다. 즉 이런 관계에서는 누군가가 상대방에게 짐이 된다는 것은 있을 수 없는 일이다. 짐이라는 느낌은 적어도 무의식적으로는 자신을 사랑받을 자격도, 사랑할 수 있는 자격도 없는 존재라고 여길 때 비로소 생겨난다. 유기공포遺棄恐怖가 있는 사람이 짐이라는 느낌에 취약한 까닭이 바로 여기에 있다. 짐이 가장 두려워하는 것은 짐을 지고 있던 사람이 자기를 버리는 것이다. 자신이 짐이 아니라 상대방에게 꼭 필요한 사람이라고 믿는다면 상대방에게 버려질지도 모른다는 두려움을 느낄 이유가 없겠지만, 자신을 짐처럼 생각한다면 버려질지도 모른다는 두려움을 피할 길이 없다. 이것은 결국 짐이 된다는 느낌을 받는 사람은 이미 고독한 사람임을 의미한다. 즉 자기가 누군가에게 짐이 된다고 생각하는 사람은 그에게 사랑받지 못하고 있다고 믿거나 그의 사랑을 받아들일 여유가 없을 정도로 이미 고독해져 있는 사람인 것이다.

최근에 미국의 자살학 연구에서 각광을 받은 토머스 조이너 Thomas Joiner라는 심리학자는 "타인에게 짐이 된다는 느낌"과 "좌절된 소속감"을 가장 중요한 자살의 주관적 요인이라고 주장했다. 이때 "짐이 된다는 느낌"이란 "내가 아끼는 사람들은 내가 없으면 더 나은 삶을 살 것이다", "나는 내 삶 속의 사람들을 실망시켰다" 등을 말한다.[110] '내가 아끼는 사람들은 내가 없으면 더 나은 삶을 살 것이다'라는 신념에는 자신이 타인들에게 도움이 안 되는 인간, 사랑받을 자격이 없는 사람이라는 믿음이 전제되어 있다. 또한 '나는 내 삶 속의 사람들을 실망시켰다'라는 신념에도 자신이 사랑받을 자격이 없는 사람이라는 믿음이 전제되어 있다. 이것은 짐이 된다는 느낌이란 이미 고독한 사람이 전형적으로 체험하는 감정임을 의미한다. 고독한 사람일수록 자신이 '사랑받을 자격이 없다'는 신념을 가지기 마련이기 때문이다.

③ 집단 따돌림과 학대

학교나 직장에서의 따돌림, 괴롭힘, 희롱 등도 자살의 원인 중

하나로 간주되고 있다. 특히 학교에서의 집단 따돌림은 청소년의 주요한 자살원인 중 하나이다. 단 한 명에게 모욕을 당하거나 학대당해도 자살할 수 있다. 1996년, 어떤 48세의 남성은 연인에게 다음과 같은 유서를 남기고 자살했다.

김ㅇㅇ씨, 못 죽으면 병신이라고 하셨죠.
부디 병신이 아니니까 죽습니다.[111]

집단 따돌림이나 학대를 당하는 것이 큰 정신적 고통을 초래한다는 것은 의심할 여지가 없다. 그런데 과연 이 고통의 본질은 무엇일까? 예전에 심리학자 프로이트는 아이가 정말로 무서워하는 것은 부모의 처벌이 아니라 '사랑의 상실'이라는 취지의 말을 한적이 있다. '사랑의 매'라는 말이 현실적으로 가능한지에 대해서는 의견이 분분하겠지만, 부모가 자신을 사랑한다고 확신하고 있는 아이에게 정당한 처벌은 그다지 고통스럽지 않다. 반면에 부모가 자신을 사랑한다는 확신이 없는 아이에게는 어떠한 처벌도 고통스럽다. 그것이 부모가 자신을 사랑하지 않는다는 사실을 되새겨 주기 때문이다.

집단 따돌림을 당한다는 것은 자신이 소속되어 있는 사회집단 혹은 소속되기를 원하는 사회집단의 구성원들이 자신을 사랑하지 않는다는 것 나아가 자신을 심리적으로 추방했다는 것을 의미한다. 누군가에게 학대나 모욕을 당한다는 것 역시 그가 자신을 사랑하지 않는다는 것 나아가 자신을 관계로부터 추방했다는 것을 의미한다. 이런 뼈아픈 자각이 따돌림이나 학대 그 자체가 초래하는 고통보다 훨씬 더 고통스럽다. 그렇기 때문에 누군가에게 장시간 학대를 당하는 사람은 '상대방이 나를 사랑하니까 때리는 것이다'라는 왜곡된 신념을 조작해 내기도 하는 것이다. 그렇게라도 해야 학대당하는 고통을 견뎌낼 수 있고 자살을 하지 않을 수 있으니까. 집단 따돌림이나 학대가 치명적인 것은 그것이 필연적으로 고독을 초래함으로써 자살위험을 증가시키기 때문이다.

④ 불명예나 수치심

20세기 초, 한국이 일본제국주의의 식민지가 되자 많은 한국인이 자살을 선택했다. 일본군 역시 제2차 세계대전 시기에 포로가 되는 치욕을 당하기보다는 죽음을 선택했다. 나라를 잃거나 적에게 포로가 되는 경우 혹은 억울하게 누명을 쓰는 경우에 일부 사람들은 육체적 생명을 포기한다. 이런 자살을 한 가지로 단순화시키기는 어렵지만 대체로 '불명예'와 관련이 있다고 볼 수 있다.

불명예란 자기존중의 욕구 좌절과 직결된다. 국어사전은 명예ᵇ를 '세상에서 훌륭하다고 인정되는 이름이나 자랑 또는 그런 존엄이나 품위'라고 규정하고 있다. 이 정의에는 명예가 사회적 평가에 기초하는 것임이 뚜렷이 드러나 있다. 즉 명예라는 것은 자신의 사회적 가치가 높아서 사회적으로 높은 평가를 받는 것을 표

현하는 개념이다. 나라를 잃어 망국노가 된 사람, 적에게 포로가
된 군인, 정치적 반대자들에 의해 파렴치범으로 모함당하는 사람
은 자신이 더 이상은 높은 사회적 평가를 받지 못한다고 믿게 되
는데, 이것은 자기존중의 욕구가 심각하게 좌절된다는 것을 의미
한다. 결국 불명예로 인한 자살은 사회로부터 완전히 배제되거나
추방당하는 것은 아닐지라도 사회적 가치의 상실로 인해 이전까
지 누리던 높은 사회적 평가가 하루아침에 사라지는 것을 감당하
지 못한 결과라고 할 수 있다. 이런 자살은 어떤 점에서는 사회적
존재로서의 존엄을 유지하려는 적극적인 행위라고 할 수 있는데,
그것의 본질이 육체적 생명을 버려서라도 사회적 생명을 지키려
는 시도와 관련이 있기 때문이다.

한국에서는 사회적으로 높은 지위에 있는 사람이 비리 등으로
인해 검찰조사를 받게 되면 자살을 하는 사건이 빈번하게 발생했
다. 이들 중 일부는 검찰 조사를 받기 전에 자살하고 일부는 검찰
조사 이후에 자살했다. 평범한 사람들 중에서도 너무나 수치스러
운 경험을 하게 된 후에 자살하는 경우가 있다. 국어사전은 수치
羞恥를 '다른 사람들을 볼 낯이 없거나 스스로 떳떳하지 못함 또는
그런 일'로 정의하고 있다. 수치심은 무엇보다 자신에 대한 도덕
적인 평가와 관련이 있다. 자신이 도덕적이지 못하다고 판단되거
나 타인들로부터 도덕적이지 않은 사람으로 지탄받는 경우 사람
은 수치심을 느낀다. 수치심은 또한 인간적인 존중을 받지 못하
는 것, 사람대접을 받지 못하는 것과도 관련이 있다. 얼마 전, 강

남 지역의 한 아파트 경비원이 아파트 주민에게 심한 모욕을 당하자 분신자살을 하는 사건이 발생했다. 이런 식으로 사람이 모욕을 당했을 때 체험하는 대표적인 감정 중의 하나가 바로 수치심이다. 자신이 도덕적으로 문제가 있다고 판단하지 않더라도 인간적인 존중을 받지 못하면 사람은 수치심을 느낄 수 있다. 타인들에게 인간적인 존중을 받지 못하면, 사람대접을 받지 못하면 사람은 자신이 사회로부터 쓸모없는 인간으로 간주되고 있으며, 사회로부터 추방당했다고까지 믿게 된다. 이것은 자기존중의 욕구를 좌절시키는 것은 물론이고 사랑과 소속감의 욕구까지 좌절시킨다. 한마디로 타인들로부터 인간적인 존중을 받지 못하면 사회적 존재로서의 생명이 송두리째 부정당하는 것과 같은 심리적 충격을 받게 된다는 것이다. 이 때문에 수치심이 극심해지면 사람은 사회적 생명의 불꽃이 꺼져 버린 것과 같은 참담한 고통을 경험하게 되어 자살을 감행하기도 한다. 지금까지 살펴보았듯이, 불명예나 수치심은 사랑과 소속감의 욕구 그리고 자기존중의 욕구 좌절과 밀접한 관련이 있기 때문에 크건 작건 사회적 고립감을 초래함으로써 자살에 영향을 미친다.

⑤ 학교 성적과 가정불화

한국에서 특징적으로 나타나는 자살 중의 하나가 성적 비관 자살이다. 성적 비관으로 인한 자살은 한국의 청소년들에게서 두드러지게 나타난다. 한국의 청소년들은 성적이 좋지 않으면 왜 자살을 하는 것일까? 한국의 청소년 나아가 청년세대는 두 가지의 유기공포[112]에 시달리고 있다. 한국의 부모들 중 상당수는 성적이 우수하면 자녀를 예뻐하고 성적이 좋지 않으면 자녀를 예뻐하지 않거나 미워한다. 이것을 자녀의 입장에서 표현하면, 공부를 잘하면 부모의 사랑을 받을 수 있지만, 공부를 잘하지 못하면 부모의 사랑을 받을 수 없음을 의미한다. 건강하지 않은 사랑, 병적인 사랑인 이런 조건부 사랑은 자녀들에게 전형적인 유기공포를 강요한다. 즉 공부를 잘하지 못하면, 성적이 좋지 않으면 '부모가 나를 더 이상 사랑하지 않을 것이다' 혹은 '부모가 나를 버릴 것이다'라는 공포를 강요할 수 있다는 것이다. 이로부터 성적이 좋지 않으면 한국의 청소년들은 '이번에는 성적이 별로네'라고 말하면서 가볍게 넘어가지 못하고 부모의 사랑을 잃게 되었다는 두려움에 휩싸이게 된다. 한국사회는 청소년들에게 공부를 못하면 돈을 많이 벌지 못하고 돈을 많이 벌지 못하면 사람대접 받으면서 살 수 없다는 협박을 끊임없이 들이댄다. 어렸을 때 부모로부터 무조건적인 사랑, 건강한 사랑을 받으면서 자라난 청소년들이라면 이런 협박을 당하더라도 비교적 경미한 상처를 입을 것이다. 그러나 어렸을 때 부모로부터 조건부 사랑을 받으며 자라난 청소년들이라면 이런 협박은 사회적 유기공포까지 느끼게끔 만들 수 있다. 사회적 유기공포란 사회로부터 혹은 타인들로부터 버림받았다는 공포 혹은 버림받을지도 모른다는 공포를 말한다. 어렸을 때 부모로부터 무조건적인 사랑과 지지를 받지 못한 청소년들은 공부를 못하면 나를 낳아 주고 키워 준 부모조차 나를 사랑해 주지 않았으니, 돈을 많이 벌지 못하면 사회생활에서 만나는 생면부지의 사람들은 절대로 나를 사랑해 주지 않을 거라고 믿는다. 사실 성적이 좋지 않다는 것은 훗날 돈을 많이 벌지 못하는 것을 의미하므로 부모로부터 버림받을지도 모른다는 유기공포는 한국사회를 접하게 되면서 즉각적으로 사회적 유기공포와 결합될 가능성이 크다. 결국 성적이 나쁠 경우 그것은 청소년들에게 전형적인 유기공포와 사회적 유기공포를 동시적으로 유발한다. 성적이 단지 성적의 문제가 아니라 부모로부터 버림받고 사회로부터 버림받는 것을 의미하게 되면 성적 문제는 필연적으로 사회적 고립, 즉 고독과 연동된다. 결국 한국의 청소년들이 성적을 비관해서 자살하는 것은 성적 그 자체 때문이 아니라 성적 하락이 초래할 사회적 고립, 고독 때문이라고 말할 수 있다.

> 성적을 비관해서 자살하는 청소년보다는 가정불화 등 가정 내의 문제 때문에 자살하는 청소년이 더 많다. … 성적이 떨어질 때도 성적 불량 자체보다는 성적 때문에 일어나는 부모와의 갈등이나 심리적인 버림이나 무력감 때문에 자살한다고 볼 수 있다.[113]

지금까지 살펴보았듯이, 자살의 원인으로 거론되고 있는 다양한 것들이 이런저런 식으로 고독과 관련이 있으며 고독을 유발한다. 이런 점에서 인간의 모든 고통은 궁극적으로 고독으로 수렴된다고까지 말할 수 있다. 물론 모든 자살의 원인이 고독이라고 단순하게 말할 수는 없겠지만, 자살의 제1원인 혹은 자살의 결정적인 원인이 고독이라는 것만큼은 분명한 사실이다. 즉 고독은 인간이 경험하는 고통 중에서 최악의 고통이라고 분명하게 말할 수 있다.

> 많은 정서적인 문제는 고립감, 배척당함, 외로움, 의미 있는 관계를 형성하는 능력의 부재 등을 포함하는, 다른 사람들과 관계를 맺는 데에서 겪는 어려움에 의해 생기는 것이다.[114]

자살에 영향을 미치는 나머지 고통들

사회적 존재인 인간은 복잡하고 다양한 사회적 감정을 체험하는데, 당연하게도 이 중에서 긍정적인 사회적 감정들이 행복과 관련이 있는 반면 부정적인 사회적 감정들은 정신적 고통과 관련이 있다. 예를 들면 고독, 슬픔, 우울, 무력감, 죄책감 같은 부정적인 사회적 감정을 과도하게 그리고 지속적으로 체험하는 것이 곧 정신적 고통이라는 것이다. 고독 이외에 자살에 영향을 미치는 감정들에는 다음과 같은 것들이 있다. 이러한 감정들도 고독과 밀접한 관련이 있다.

① 공포와 불안

두려움이 격정의 형태로 체험되는 것이 공포이고 기분의 형태로 체험되는 것이 불안이다. 격정은 강도는 강하지만 지속기간은 짧은 반면, 기분은 강도가 약하지만 지속기간은 길다. 예를 들면 버스를 타고 가다가 교통사고를 당하는 순간을 전후해 단기간 동안 강렬한 두려움을 체험하는 것이 공포라면, 그 사고 이후 버스를 탈 때마다 혹은 버스를 타게 될 것이라고 예상될 때마다 상대적으로 긴 시간 동안 약한 강도로 체험하는 두려움이 불안이다. 이것은 공포와 불안이 단지 형태만 다를 뿐 동일한 감정임을 의미한다. 심리학자들이 불안을 만성화된 공포, 예기공포라고 부르는 까닭이 바로 여기에 있다. 어쨌든 공포와 불안의 정도가 심해지면 그것 역시 감당하기 힘든 정신적 고통이 될 수 있기 때문에 자살에 영향을 미칠 수 있다.

사람에게 있어서 공포와 불안은 왕왕 육체적 생명이 위협받는 것 이상의 의미가 있다. 유아를 대상으로 한 연구들에 의하면 양육자와의 애착관계가 잘 형성된 아이일수록 불안수준이 낮다. 양육자를 신뢰하는 아이는 양육자에게서 더 멀리 떨어진 곳까지 탐험할 수 있다. 그러다가 불안해지면 아이는 양육자에게 돌아와서 불안을 해결하고 나서 다시 더 멀리까지 탐험을 한다. 반면에 양육자를 신뢰하지 못하는 아이는 양육자에게 달라붙어 좀처럼 떨어지지 않으려 하기 때문에 양육자를 떠나 멀리까지 탐험하지 못한다. 이런 연구결과는 공포와 불안이 대인신뢰감, 대인관계의 질에 의해 크게 좌우된다는 것을 보여 준다. 대인신뢰감이 높고 건강한 대인관계가 있는 사람은 공포와 불안수준이 낮고 공포와 불안을 잘 통제하는 편이다. 반면에 대인불신감이 있고 대인관계가 취약한 사람은 공포와 불안수준이 높고 공포와 불안을 잘 통제하지 못한다. 이렇게 고독 그리고 공포와 불안 사이에는 밀접한 관련이 있다. 특히 지지적, 의존적 인물이 없거나 그런 인물을 상실하는 경우 공포와 불안은 한층 심해진다.

불안장애의 하나인 외상후스트레스장애PTSD를 앓고 있는, 다음과 같은 참전 군인들의 사례는 불안이 고독과 밀접한 관련이 있음을 보여 준다.

> 오랫동안 이라크 전쟁과 아프가니스탄 전쟁 등에 참전한 뒤 귀향하거나 퇴역하는 군인들이 자살하는 사건이 잦아졌다. … 심리부검 결과, 오랫동안 전쟁터에서 동료들과 팀워크로 다져진 집단생활을 하다가 갑자기 개인적인 생활로 돌아오면서 받은 고립감, 가정에서 대화의 심각한 단절과 일상의 무료함, 그로 인한 부부 관계의 갈등이 심각한 문제였음을 드러났다. 무엇보다도 퇴역 후 적당한 직장을 찾지 못하거나 직장에 적응하지 못해 그만두는 등 경제적 어려움과 사회적 소외도 심각했다.[115]

자살과 관련해 논하자면 공포와 불안 그 자체가 이미 관계의 질과 관련이 있으며, 관계의 파탄은 공포와 불안수준을 극적으로 높일 위험이 있기 때문에 불안과 공포도 그 자체가 자살을 유발한다기보다는 고독과 결합됨으로써 자살위험을 높인다고 말할 수 있다.

② 무력감과 절망

정신의학자 아론 벡^{Aron Beck}은 우울이 절망과 자살 사이를 연결하는 요인이라고 주장한 바 있다. 즉 흔히 알려진 것과는 달리 우울증이 자살의 주요한 원인이 아니고 절망이 자살의 주요한 원인이라고 주장했다. 일부 자살연구자들도 절망이야말로 "성공하는 자살의 가장 좋은 단일한 예측인자"라고 강조한다.[116] 흥미로운 다음의 인용문에서도 확인할 수 있듯이, 절망이 자살에 상당한 영향을 미친다는 것은 부정할 수 없는 사실이다.

> 기원전 5세기경의 철학자 엠페도클레스가 에트나 화구에 몸을 던진 것은 자신이 화산 활동에 대해 설명할 수 없다는 사실에 절망했기 때문이고, 아리스토텔레스가 에우로페 해협에서 투신자살한 것은 조수간만의 차에 대해 설명할 수 없었기 때문이다.[117]

일반적으로 절망^{hopelessness}이란 미래에 대한 부정적인 생각, 즉 자신이나 그 어느 누구도 불행이나 고통을 변화시키기 위하여 아무것도 할 수 없고 또 아무것도 이루어지지 않을 것이라고 믿는 심리를 말한다. 아론 벡의 주장처럼 우울증을 앓는 사람은 절망적인 심정에 빠져들기 쉬운데, 이럴 경우 자살행동을 할 가능성이 높아진다. 그렇다면 절망 역시 고독과 관련이 있을까? 당연히 있다. 건강한 관계가 많으면 많을수록, 대인관계 능력이 우수하면 우수할수록 절망할 가능성은 그만큼 낮아진다. 반대로 건강한 관계가 없다면, 대인관계 능력이 부족하다면 절망할 가능성은 그만큼 커진다.

적에게 포위되어 위험에 처한 군인들이 여전히 서로의 곁을 굳건히 지키면서 서로를 지지, 격려해 주고 도와준다면 그들은 새삼 '아! 내가 이렇게 훌륭한 전우들과 함께 싸우고 있었구나!'라고 생각하게 될 것이다. 이 군인들은 십중팔구 절망하기보다는 어떻게든 포위를 뚫고 나가겠다는 용기를 낼 수 있다. 반면에 적에게 포위되어 위험에 처한 군인들이 자기 혼자 살겠다고 소란을 피우고 서로를 비난하고 공격해 댄다면 그들은 '아! 내가 이런 놈들을 위해서 목숨 걸고 싸워 왔단 말인가'라고 생각하게 될 것이다. 이 군인들은 포위를 절대로 뚫을 수 없다고 느낄 것이고 절망할 수밖에 없을 것이다. 이것은 사람이란 위기상황에서 고독감까지 느끼게 될 때 훨씬 더 크게 절망한다는 것을 의미한다.

무력감 혹은 무기력감이 관계의 파탄으로 인한 고독과 서로 영향을 주고받으며 사람을 자살로 내몰 수 있음은 1999년에 자살했던 48세 남성의 유서를 통해서도 확인할 수 있다.

아빠는 항시 너를 위해 기도하며 너희 앞길을 등불이 되며 안내할 거야.

살고 싶어라.[118]

이 유서의 주인공은 자신이 타인, 특히 자식들을 위해서 무엇인가를 해 줄 수 있는 가장으로서의 능력 상실을 괴로워했던 것 같다. 한국적 현실에서 무력감을 초래하기 마련인 가장으로서의 능력 상실은 가족들, 특히 자식과의 관계를 악화시켰고 그것이 가장의 무력감을 한층 심화시켰을 것이다. 결국 유서의 주인공은 자살을 선택했는데, 그의 유서에는 살아생전의 무력감, 무능력을 죽어서라도 보상하고 싶어 하는 욕구가 표현되어 있다. 자살자들의 유서에는 죽은 후에 살아 있는 사람들에게 영향력을 발휘할 것이라고 약속하는 표현이 심심치 않게 등장하는데, 이것은 살아생전 이들이 무력감이나 무능력감에 시달렸음을 반증해 준다.

절망과 밀접한 관련이 있는 무력감은 고독과 불가분의 관계에 있다. 사회적으로 고립되어 있는 사람, 즉 고독한 사람일수록 무력감에 더 많이 시달린다. 동시에 무력감이 심한 사람일수록 그의 관계 맺기는 더 어려워지므로 그는 고독해진다. 사실 인간이 소유하고 있는 힘의 핵심은 사회적 관계를 맺고 그것을 활용하는 힘이라고 할 수 있다. 따라서 고독한 사람이 무력감에서 자유롭기란 매우 어렵다.

③ 자존감 상실과 무가치감

자존감이란 자신을 귀중한 존재로 여겨 스스로를 존중하는 감정을 말한다. 이 정의에서 알 수 있듯이, 자존감은 관계에 의해 크게 좌우된다. 부모에게서 건강한 사랑과 지지를 받은 사람은 자신이 귀중한 존재라고 믿는다. 부모에게서 사랑받을 만한 아이라는 신호를 받으면서 자라났기 때문이다. 반대로 부모에게서 사랑과 지지를 받지 못한 사람은 자신이 귀중한 존재라고 믿지 못한다. 부모에게서 사랑받을 자격이 없는 아이라는 신호를 받으면서 자라났기 때문이다. 사회적 사랑과 지지도 이와 마찬가지의 효과를 가진다. 사회로부터 인정받고 존중받은 사람은 자신을 귀중한 존재로 여길 수 있지만 그렇지 않은 사람은 자신을 귀중한 존재로 여기지 못한다. 자신이 귀중한 존재라는 믿음이 없다면 자기 자신을 존중할 수 없다. 즉 자존감을 가질 수 없다는 말이다. 자살하는 한국의 청소년들 중 상당수가 자존감 상실로 인해 자살한다.

> 상당수의 자살 청소년은 가족체계 내의 심각한 문제 때문에 스스로가 사랑을 받을 가치가 있는 귀중한 존재라는 자존감을 느끼지 못하고 있다.[119]

지금까지의 논의를 통해 누구라도 이해할 수 있겠지만, 자존감은 고독과 밀접한 관련이 있다. 자존감에는 건강한 관계가 필수적이다. 그런데 이미 누군가가 고독을 느끼고 있다면 그에게는 건강한 관계가 없다고 봐야 한다. 따라서 고독한 사람은 당연히 자존감이 높을 수 없다.

자존감이 심하게 손상되면 자신은 귀중한 사람이 아니므로 스스로를 존중할 수 없다는 수준을 넘어 자신을 아무런 가치가 없는 사람으로 평가하는 무가치감에 시달릴 수 있다. 무가치감은 '이 세상은 나를 필요로 하지 않아', '나는 세상에 있어도 그만 없어도 그만인 쓸모없는 인간이야'와 같은 심리로 귀결되어 자살할 위험을 증가시킨다.

④ 권태와 무의미함

외국에서는 부자나 상류층 자제들이 자살하는 사건들이 심심치 않게 발생하곤 했는데, 이런 자살의 주요한 원인은 권태였다. 권력이 있고 돈도 많아서 이것저것 다 해봤지만, 사는 것이 재미가 없다면서 자살하는 사례는 동서고금에 항상 존재해 왔다. 1968년에 인구가 20만 명에 불과했던 슬로베니아의 수도 류블랴나에서는 117명이 자살했고, 4년간 725명이 자살을 시도했으나 미수에 그치는 충격적인 사건이 발생했다. 그런데 이 자살자 혹은 자살 미수자들이 대부분 같은 협회 소속이었음이 밝혀졌다. 1969년 2월 23일에 발행된 일간지 〈폴리티카 엑스프레스〉에 의하면 이 협회의 회원들은 대부분 유복한 환경에서 자란 25세 남짓의 대학생들이었는데, 그들은 권태감에 시달리고 있었고 현실 세계, 특히 슬로베니아의 현실에 반발하고 있었다.[120]

유복한 환경에서 자라난 이 대학생들을 자살로 몰아간 권태란 도대체 무엇일까? 사람은 창조적이고 생산적인 노동을 필요로 하는 존재이다. 즉 사람은 배불리 먹는 것 혹은 물질적 풍요 이상을 필요로 하는 존재라는 것이다. 인간은 건전한 삶의 목표를 발견하지 못하면 사회발전에 기여하는 창조적이고 생산적인 삶을 영위할 수 없는데, 이때 체험하는 전형적인 감정이 바로 권태이다. 건전한 삶의 목표를 상실함으로써 창조적이고 생산적인 삶을 살지 못할 때 체험하는 감정을 심리학자 에리히 프롬은 '권태'로 규정했다.

보너와 리치(Bonner & Rich, 1990)는 146명의 교도소 재소자들의 자살 충동을 연구했다. 그 결과 재소자들에게는 삶의 목표를 갖는 것, 가족에 대한 의무, 사회적 지지, 직업적 추구, 종교적인 신념 등과 같은 삶의 이유와 목적이 부족하고 그것이 자살 충동을 유발한다는 것을 확인했다.[121] 건전한 삶의 목표가 있으면 사람은 그것을 실현하기 위한 활동과정에서 창조성, 생산성, 성취감 등을 체험한다. 즉 사람은 오직 건전한 삶의 목표를 추구하는 창조적이고 생산적인 삶을 통해서만 진정한 재미, 기쁨, 보람, 행복 등을 경험할 수 있다는 것이다. 건전한 삶의 목표가 없으면 이런저런 오락이나 쾌락에 열중하더라도 삶에 대한 불확실성과 그것이 초래하는 혼란과 혼돈, 지루함, 무관심, 무의미, 공허감 등을 피할 수 없다. 한국에서 많은 어른들과 사회는 아이들에게 어려서는 놀지 말고 공부나 열심히 하고, 커서는 세상을 바꾸려고 하지 말고 돈이나 많이 버는 이기적이고 속물적인 삶을 살라고 강요한다. 그러나 부자가 되는 것, 세속적인 성공이나 출세 따위는 건전한 삶의 목표와는 아무 상관이 없다. 어려서부터 건전한 삶의 목표를 가질 수 없도록 강요당하며 자라난 한국의 소아청소년, 청년들은 권태에 시달리며 다음과 같이 말하곤 한다.

엄마, 삶의 즐거움을 느끼라니 그게 무슨 뜻인지 모르겠어요.[122]

권태는 고독과 관련이 있을까? 있다면 어떤 관계일까? 대체로 사람들은 자기만의 건전한 삶의 목표가 없을 경우 사회가 요구하는 삶을 살기 마련이다. 그런데 한국을 포함하는 현대 자본주의 사회는 사람들에게 돈을 목표로 하는 개인이기주의적인 삶을 강요한다. 개인이기주의적인 삶은 건강한 관계를 방해한다. 즉 개인이기주의적으로 살면 살수록 고독은 그만큼 심해진다는 것이다. 오늘날의 한국사회에서 건전한 삶의 목표 부재가 불가피하게 고독과 연결되는 것은 바로 이 때문이다. 건전한 삶의 목표 부재가 초래하는 권태는 고독과 동전의 양면을 이루고 있다.

건전한 삶의 목표를 가진 사람은 삶에 대한 의욕을 가지고 목표를 실현하는 과정에서 긍정적인 감정을 체험할 수 있다. 건전한 삶의 목표는 혼자서는 불가능하고 타인들과 연대해야만 비로소 실현할 수 있다. 따라서 건전한 삶의 목표가 있는 사람은 건강한 관계가 반드시 필요하고 그것을 만들기 위해 적극적으로 노력한다. 한마디로 건전한 삶의 목표가 있는 사람일수록 권태와 고독에서 멀어지고 행복에는 더 가까워진다는 것이다.

다시 한 번 우울증을 생각한다

자살 관련 통계들에 의하면 우울증 환자의 약 15%가 자살한다. 1980년대 후반에 실시했던 핀란드의 심리부검 조사에 의하면 자살로 인한 사망자 가운데 약 80% 이상이 자살 전에 우울증으로 고통을 받아 왔고 그중에서 15%만 우울증 치료를 받았다.[123] 이런 사실들에 기초해 오늘날 상당수의 자살 이론가들은 우울증을 자살의 중요 원인으로 지목하고 있다. 그러나 자살의 원인이 우울증이라는 설명은 과연 자살을 이해하는 데 어떤 도움을 줄까? 이것은 좀 심하게 말하자면 죽음의 원인이 병 때문이라고 설명하는 식의 일종의 말장난일 뿐이다.

자살의 원인이 우울증이라는 설명을 들으면 상당수의 사람이 당연히 다음과 같은 의문을 품게 될 것이다. "그래? 그렇다면 사람은 왜 우울증을 앓게 되는 것이지?" 결국 오늘날 자살의 주요한 원인으로 간주되는 우울증은 자살의 진정한 원인을 설명하는 데 별 도움이 되지 않으며, 심지어는 방해가 된다고까지 말할 수 있다.

> 역설적이게도 우울증의 원인은 불명확하다. 즉 우울증 패러다임은 '원인의 원인'을 말하는 데 무능하다. … 우울증은 자살의 원인이 아니라 자살하게 만든 '진짜' '원인'(만약 그런 게 있다면)의 현상이거나 외적 표현일 뿐일 수도 있다.[124]

우울증을 자살의 원인이라고 말하는 것은 별 의미가 없지만 우울증이 자살과 관련이 있다는 것만큼은 분명하므로, 우울증에 대해 다시 한 번 간략하게나마 살펴볼 필요가 있을 것 같다. 우울증과 관련된 주요한 감정은 슬픔과 분노라고 말할 수 있다. 슬픔은 관계와 관련된 주요한 욕구가 좌절되었을 때 유발되는 전형적인 감정이다. 예를 들면 사랑받고 싶은데 사랑받지 못했을 때, 사랑의 대상을 상실했을 때 사람은 슬픔이라는 감정을 체험한다. 분노는 욕구좌절의 일반적인 결과이다. 즉 그것이 어떤 욕구이든 간에 욕구가 좌절되면 통상적으로 분노감정이 유발된다. 따라서 정도의 차이는 있겠지만 사랑받고 싶은 욕구가 좌절되었을 때만이 아니라 사랑의 대상을 상실했을 때에도 분노감정은 유발될 수 있다.
　사람들은 일상적으로 슬픔과 분노를 체험하면서 살아가는데, 그것이 정상적으로 해소되지 못하면 슬픔과 분노가 과도해져 우울증을 앓게 된다. 사랑하는 누군가를 상실한 슬픔을 충분히 애도하지 못해 슬픔의 감정이 과도해지거나 사회적 관계를 맺고 싶은 욕구가 지속적으로 좌절되어 분노감정이 과도해지면 궁극적으로 우울증을 앓게 될 수 있다는 것이다. 이것은 우울증이 관계와 관련된 욕구가 좌절되어 생겨난 슬픔과 분노라는 감정을 적절히 해소하지 못하는 것과 관련이 있음을 말해 준다.

지금까지 살펴보았듯이 우울증은 슬픔만이 아니라 분노와도 관련이 있는데, 좀 더 정확히 말하자면 분노감정을 밖으로 표현하지 못하는 것과 밀접한 관련이 있다. 어떤 실업자가 사회 혹은 타인들로부터 지속적인 차별과 무시를 당했다고 가정해 보자. 그는 분명 슬퍼하는 동시에 분노하게 될 것이다. 이 경우 분노감정의 표출은 다음과 같은 세 가지 방향을 가질 수 있다.

① 분노를 유발한 대상을 향한 건강한 표출

극소수 부유층의 이익을 보호하기 위해 작동하는 한국의 천민자본주의가 청년실업자를 양산하고 있음에도 정부와 자본가들이 청년실업자들을 위해 어떤 노력도 하지 않고 있다고 믿는 청년, 병적인 한국사회가 사람들을 정신적으로 병들게 만들어 사람들이 실업자를 차별하고 무시하게 되었다고 믿는 청년이라면 그의 분노는 한국의 잘못된 사회제도 혹은 기득권세력을 향해 표출될 것이다. 아마도 그는 사회를 개혁하기 위해서 정치에 관심을 가지고 정치활동을 하면서 촛불항쟁 등에도 동참할 것이다. 이렇게 분노를 유발한 대상을 정확히 파악하고 그 대상을 타도하거나 개혁하기 위해서 분노를 표출하는 것은 분노 표현의 가장 건강한 방식이며, 그것은 사회적 차원에서 변혁의 에너지로 작용한다. 이 경우에는 분노가 우울증으로 이어지지 않는다.

② 분노를 외부를 향해 무차별적으로 표출

사회의식이 부족해 분노를 유발하는 진정한 원인을 이해하지 못하면 사회나 타인들에게 차별당하고 무시당해서 생기는 분노를 외부세계를 향해 무차별적으로 발산하게 될 가능성이 생겨난다. 이런 사람일수록 이미 강한 복수심이나 인간혐오 심리 등을 갖게 되었을 가능성이 크기 때문에 그의 분노표출은 반사회적 행위나 범죄행위로 귀결될 위험이 크다. 이 경우에도 분노는 우울증으로 이어지지 않는다. 다음은 2001년에 자살했던 27세 남성의 유서 중 일부인데, '아무도 날 찾지 않고'라는 대목에서 알 수 있듯이 사회관계로부터 고립되어 있던 그는 단지 자살 충동만이 아니라 자기 없이도 잘 돌아가는 세상 그리고 타인들에 대해 무차별적인 분노를 표출하고 싶은 충동을 느끼고 있다.

오늘 박찬호가 홈런을 날리고 18승을 거뒀단다
현재 금메달 8개로 종합 12위다
그리고 난 아직 죽지 못했다
…

내가 살아도 세상은 변하지 않는다

언제나 그대로일 뿐

아무도 날 찾지 않고

…

악마가 있다면 내 영혼을 팔 테니 힘을 빌려다오

싹 쓸어버리게 모두 다 전부 싹[125]

③ 분노를 자기 자신을 향해 표출

사회의식이 있든 없든 간에 이미 무력해져 있거나 타인들을 공격할 정도로 모질지 못하다면 외부를 향해 표출될 수 없게 된 분노는 결국 자기 자신을 향해 표출된다. 분노가 스스로를 공격하기 시작하면 '내가 병신이지', '내가 할 수 있는 게 무엇이 있겠어'와 같은 생각들이 심해지고 궁극적으로는 자기비하나 자기혐오와 같은 심리로 귀결된다. 혐오의 대상은 곧 공격의 대상이므로 자기혐오 심리는 자기학대 혹은 자기파괴 동기를 유발하고 분노는 더욱 맹렬하게 자기 자신을 공격한다. 이럴 경우 전형적으로 우울증을 앓게 된다. 슬픔은 사람을 무기력하게 만들기 때문에 분노가 외부가 아닌 자기 자신을 향하도록 하는 데 기여한다. 즉 우울증의 기반이 되는, 관계의 욕구 좌절과 관련이 있는 슬픔과 분노라는 감정의 조합은 우울증을 유발하기 아주 용이한 조합이라는 것이다.

만일 분노가 외부가 아닌 자기 자신을 향하는 것이 우울증의 주요한 발생 메커니즘이라면 욕구좌절이 심한 사회에서는 자살과 범죄가 동시에 증가한다고 예측할 수 있을 것이다. 다시 말해 사회가 건강하면 자살과 범죄가 동시에 줄어들고 사회가 병적이면 자살과 범죄가 동시에 증가한다고 예측할 수 있다는 것이다. 실제로 통계를 보면 자살의 발생 빈도와 전체 범죄의 발생 빈도 사이에는 많은 유사성이 있다. 1987년~1991년까지는 전체 범죄가 꾸준히 증가함에도 불구하고 자살은 감소하는 추세였다. 그러나 그 이후부터는 범죄의 증가곡선과 자살의 증가곡선이 유사한 모습을 보인다. 예를 들면 1999년의 경우 전체 범죄의 발생 빈도가 감소했을 때 자살의 발생도 함께 감소했다.[126] 앞에서도 지적했듯이, 1987년부터 1991년까지의 기간 동안 예외적으로 자살이 감소했던 것은 그 시기가 민주화운동이 절정기였던 사정과 관련이 있을 것이다. 민주화운동은 우선 분노의 진정한 원인을 직시하는 데 도움을 줌으로써 분노를 유발한 대상을 향해 분노를 정당하고 건강하게 표출하도록 유도했을 것이고, 집단적인 항쟁의 분위기가 인간에 대한 신뢰감과 연대감을 높이고 무력감을 감소시켜 분노가 자기 자신을 공격하지 않도록 하는 데 상당한 도움을 주었을 것이다. 물론 이 시기에도 자본주의화가 빠른 속도로 진행되고 있었기 때문에 전체 범죄는 꾸준히 증가했지만, 민주화운동 덕분에 분노가 우울증, 나아가 자살로는 이어지지 않았다고 봐야 할 것이다. 그러나 이후 민주화운동의 열기가 퇴조하자 전체 범죄율과 자살율은 동반 상승하기 시작한다. 이렇게 범죄와 자살은 동시에 증감하는데, 특히 외부를 향한 분노가 인간혐오 심리와 결합된 결과물이라고 할 수 있는 살인 범죄의 발생 추세와 자살의 발생 추세 사이에는 놀랄 만한 유사성이 있다.

몇몇 해의 예외를 제외한다면 자살이 증가한 해에는 살인 역시 증가하고, 자살이 감소한 해에는 살인 역시 감소했다. … 1998년의 급격한 증가양상과, 그 이후 증가한 상황이 상대적으로 유지되는 양상도 자살과 살인에 동시에 나타난다. 이처럼 자살과 살인의 발생추세가 유사한 형태로 나타난다는 것은, 자살이라는 행위와 살인이라는 행위가 사회구조의 변동과 밀접한 관계를 지니고 있다는 점을 드러내는 것이라 할 수 있다.[127]

오늘날 자살의 주요한 원인으로 잘못 간주되고 있는 우울증은 슬픔과 분노의 감정에 기초하고 있는 정신장애이고, 슬픔과 분노는 관계와 관련된 주요한 욕구들의 좌절과 관련이 있다. 이것은 자살의 진정한 원인이 우울증이 아니라 사회적 존재인 인간의 주요한 욕구를 좌절시키는 병든 사회에 있다는 것을 의미한다. 한마디로 병든 세상이 사람들을 우울증을 앓게 만들고 자살하도록 강요하고 있다는 것이다.

관계의 파탄과 자살

살아 있는 타인과 결합하고 관계를 맺으려는 욕구는, 인간의 건전
한 정신을 충만케 하는 절대적인 것이다.[128]

심리학자 에리히 프롬은 사회적 존재인 사람에게는 '타인과 결
합하고 그들과 관계를 맺으려는 강렬한 욕구'가 있기 때문에 '인
간이 가장 견디기 어려운 공포는 고립과 추방에 대한 공포'라고
정확하게 지적한 바 있다. 한마디로 인간에게 가장 기본적인 욕구
는 관계에 대한 욕구이기 때문에 인간에게는 건강한 관계나 공동
체가 절대적으로 중요하다는 것이다.

앞에서 살펴보았듯이, 매슬로는 욕구이론에서 소속감을 강조했
는데, 심리학 연구들에 의하면 소속감은 '심리적 및 신체적 안녕
의 원천인 동시에 정체감의 원천'이다.[129](Tajfel & Turner, 1986) 즉
사람은 공동체에 소속되어 있어야만 편안함, 안정감을 가질 수 있

고 정체감을 확립할 수 있다는 것이다. 공동체는 또한 행복의 원천이기도 하다. 마이어스와 디너(meyers & Diener, 1995)에 의하면 '어떤 사람의 전반적인 행복감과 생활 만족도에 대한 가장 좋은 예측요인들 중의 하나가 바로 그들의 사회적 관계와 집단 소속의 질과 범위이다.'[130] 이것은 사람이 맺고 있는 사회적 관계 나아가 그가 소속되어 있는 공동체의 질이 행복을 좌우한다는 것을 의미한다.

인간에게 이렇게 관계와 공동체가 절대적으로 필요하고 중요하다면 관계나 공동체로부터 소외되는 것이 매우 심각한 결과를 초래할 것임을 쉽게 예측할 수 있을 것이다. 심리학 연구들에 의하면 관계나 공동체에서 소외된 고독한 사람이 그렇지 않은 사람에 비해 몸과 마음이 더 황폐해진다. 예를 들면 외로운 사람들은 다른 사람들에 비하여 스트레스를 더 받고 더 우울하며(Baumeister & Leary, 1995), 정상 수준보다 낮은 면역 기능으로 인해 질병에 더 취약하다(Kiecolt-Glaser et al., 1984).[131] 그야말로 고독 혹은 고립은 만병의 기본원인이라고도 할 수 있는데, 집단에서 배척된 사람은 모두가 불안하고, 고독하며, 우울하고, 질병에 걸리고 조기에 사망할 위험이 높다.[132](Cacioppo, Hawkley, & Bernston, 2003; Cohen, 1988; Leary, 1990) 참고로, 아이젠버거 등(Eisenberger, Lieberman, & Williams, 2003)은 "신체적 고통에 의해 활성화되는 뇌 부위가 집단에서 배척을 받을 때도 활성화된다"는 연구결과를 통해 고독의 생리학적 기초를 확인하기도 했다.

인간에게 가장 큰 고통은 고독이고 인간은 그것을 더 이상 견딜 수 없게 되면 죽음으로써 그 고통에서 벗어나기를 소망한다. 사회적 존재인 인간은 타인들과 건강한 관계를 맺고, 건강한 공동체에 소속되어 살아가야 한다. 그것이 바로 사람다운 삶이기 때문이다. 관계로부터 고립되고 공동체에도 소속되지 못한 채 사는 것은 사람답게 사는 것이 아니다. 따라서 사람은 사람답게 살지 못하는 상황이 극에 달해 견딜 수 없게 되면, 자살로 그 비인간적인 상황을 끝내려고 하는 것이다. 자살을 가장 인간적인 현상이라고 말할 수 있는 것은 바로 이 때문이다.

사회학에서는 일반적으로 "자살을 '개인'과 근대적 개인주의가 성립한 이후의 사회현상인 것으로 간주"[133]한다. 이것은 비록 불완전하기는 했지만 그나마 공동체주의에 기초하고 있던 이전 시기의 사회들과는 달리 개인이기주의에 기초해 작동하는 자본주의 제도가 자살이라는 사회현상과 불가분의 관계에 있음을 의미한다. 현시점에서 자본주의 제도가 과연 사회적 존재인 인간의 본성에 맞는 사회제도인지를 진지하게 검토해야만 할 이유가 바로 여기에 있다.

죽음으로써만 지킬 수 있는
인간의 존엄성

───────

인간에게는 죽음을 불사하고 혹은 죽어서라도 이루어야만 하는 인간적인 소망들이 있다. 살아서는 친구들에게 투명인간 취급을 받던 이는 죽은 뒤에 친구들이 자기의 장례식에 오기를 소망한다. 아무도 자기의 말에 귀를 기울여 주지 않아 괴로워하던 이는 죽은 뒤에 사람들이 자기의 유서를 읽어 주기를 소망한다. 이렇게 자살이란, 관계로부터 단절되어 있던 이들이 죽음으로써 관계를 복원하려는 처절한 시도이기도 하다.

1998년, 중학교 3학년 여학생 4명이 동반자살을 했다. 그중 한 명은 친구에게 "나 죽으면 네 사진 넣어 줘. 애들 사진도"라는 말을, 다른 한 명은 "내 장례식 때(친구들) 좀 오라 해"[134]라는 말을 남겼다. 아이들은 너무나 가슴 아픈 유언을 통해 사람들과 관계를 끊기 위해 자살한 것이 아니라 관계를 맺기 위해 자살한 것임을 생생하게 증언하고 있다. 이런 점에서 자살을 '다른 사람을 염두

에 둔 행위', '타인을 지향하는 사회적 행위'[135]로 봐야 한다는 주장
은 전적으로 타당하다.

페너베이커와 그의 동료들은 자살로 사망한 시인들의 시를 분
석했다. 이들의 연구에 의하면 자살한 시인들의 경우 1인칭 단수
대명사인 '나'(나의, 나를)의 사용빈도가 높았고, '우리'라는 1인칭
복수 대명사는 평소에는 빈도수가 낮다가 자살 직전에만 높게 나
타났다. 반면에 자살하지 않은 시인은 1인칭 복수 대명사를 꾸준
히 더 많이 사용했다.[136] 이것은 자살한 시인들은 사회관계로부터
고립된 상황에 있었던 반면 자살하지 않은 시인들은 그렇지 않았
으며, 자살한 시인들의 경우에도 자살 직전에는 관계, 공동체에
대한 소망을 드러냈음을 보여 준다.

자살을 통해 살아서는 받지 못했던 타인들의 관심과 사랑을 받
고자 하는 것, 자살을 통해 살아서는 가능하지 않았던 소통이나
관계 맺기를 시도하는 것, 나아가 자살을 함으로써 공동체의 발전
이나 나라의 독립에 기여하려는 것 등은 모두 다 죽음으로써 인간
의 존엄성을 지키려는 행위이다. 물론 자살을 옹호하거나 찬양할
수는 없겠지만, 이런 점에서 적어도 자살 혹은 자살자들에 대한
차가운 시선은 재고되어야 한다.

홀로 고립되어 이웃들과 경쟁하면서 살아가는 비인간적인 삶,
타인을 짓밟고 착취하면서 부귀영화를 누리는 비인간적인 삶을
잘 견뎌 내는 이들을 과연 세상에 잘 적응하고 있다고 칭찬할 수
있을까? 비인간적인 삶을 견디다 못해 혹은 그런 삶을 거부하기

위해 스스로 목숨을 끊은 이들을 실패배자, 낙오자라고 비판하는 것이 옳을까? 나는 적어도 비인간적인 삶에 적응해 살아가는 이들보다는 비인간적인 삶에 적응하지 못해서 자살한 이들이 더 인간다운 인간이라고 생각한다. "자살자들이야말로 어떤 면에서는 진정 삶을 사랑하는 사람들이다. 그들은 그야말로 최후의 궁지에 몰려, 인간으로서 자신의 존엄을 지키고 최후로 타자들과 소통하기 위해 자살한다"[137]는 주장에 동의한다. 대부분의 자살에는 인간성 회복을 위한 절규, 인간의 존엄성을 지키기 위한 몸부림이 내포되어 있기 때문이다.

어떤 자살자들은 삶의 고통을 참아내다 못해, 그리고 '살아감'의 과정 속에서는 도저히 회복될 수 없는 자신의 본연성과 인간으로서의 존엄을 지키기 위해 자살을 선택한다.[138]

4
심리학적 자살공식

　인간이 자살에 이르게 되는 과정을 연구했던 일부 자살 연구자들은 그것에 일정한 순서 혹은 법칙이 작용하고 있다고 주장한다. 예를 들면 자살을 '자기로부터의 도피'로 개념화했던 보마이스터 (Baumeister, 1990)는 자살에 이르는 과정을 다음의 5단계로 도식화했다.[139] ① 개인이 이루고자 하는 기대수준은 높지만 현실적인 상태가 그에 도달하지 못할 때 기대와 현실 사이에 괴리가 생긴다. ② 기대와 현실 간의 괴리가 생긴 이유를 자기 탓으로 돌려서 자기비난과 부정적인 자기평가를 한다. ③ 주의 초점이 자신에게 돌려져서 고통스러운 자기 지각이 더욱 커지고 자신을 더욱 부정적으로 평가한다. ④ 자신에 대한 부정적인 정서 상태가 초래된다. ⑤ 고통스러운 생각과 감정을 없애 줄 수 있는 수단을 갈구하게 되어 '인지적인 몰락cognitive deconstruction' 상태가 된다.

　나는 보마이스터와는 달리 자살에 이르는 과정을 욕구 좌절, 고통과 해석, 자살동기, 안전장치 해제로 공식화할 수 있다고 생각한다. 이 각각에 대해 설명하면 다음과 같다.

제1단계

욕구 좌절

보마이스터는 자살 유발요인으로 기대와 현실 간의 괴리를 중시했고, 상당수의 연구자는 사회적 스트레스를 강조한다. 그런데 기대는 기본적으로 욕구에 근거하여 형성되는 것이고 사회적 스트레스 역시 욕구가 좌절될 때 발생하는 것이므로 자살 유발요인은 중요한 사회적 욕구의 좌절이라고 말할 수 있다. 가난으로 인해 타인으로부터 인정받고 존중받으려는 욕구가 반복적으로 좌절되는 것, 전쟁포로가 되어 자유를 추구하는 욕구가 지속적으로 좌절되는 것 등을 예로 들 수 있다.

현대자본주의 사회에서 살아가는 사람들은 자신이 원하는 것이 돈, 지위, 명예 등이라고 믿고 있는 경우가 많다. 그래서 돈을 많이 벌지 못해서, 출세하지 못해서 혹은 유명해지지 못해서 스트레스를 받는다고 믿는다. 하지만 돈, 지위, 명예 등에 대한 갈망은 본질적으로 사랑과 소속감의 욕구, 자기존중 욕구 등의 자본주의적 표현일 뿐이다. 조선시대 사람은 신분에 맞는 사회적 역할을 수행하면서 유교적 윤리를 잘 준수하면 이런 사회적 욕구를 실현할 수 있었다. 예를 들면 조선시대의 농부는 농부답게 열심히 일하면서 착하게 살면 사랑의 욕구, 자기존중 욕구를 비교적 무난하게 실현할 수 있었다는 것이다. 반면에 오늘날의 신자유주의시대 사람은 돈을 많이 벌어야만 이런 욕구를 실현할 수 있다고 믿는다. 돈을 많이 벌지 못하면 사랑은커녕 남들로부터 무시당하고 사회로부터 배척당하기 십상이기 때문이다. 한국인들이 높은 지위에 올라가고 유명해지려고 하는 것 역시 그것이 그만큼 돈을 버는 데 유리해서이다. 결론적으로 사회제도 혹은 환경이 달라지면 사회적 욕구의 표현이 달라지고, 중요한 사회적 욕구의 실현 정도에서도 차이가 발생한다.

자신이 경험하고 있는 것을 욕구 좌절로 인한 스트레스로 이해하든, 기대와 현실 간의 괴리로 인한 스트레스로 이해하든 간에 사회적 욕구의 좌절은 정신건강에 무조건 좋지 않은 영향을 미친다. 그리고 이것이 자살의 최초 유발요인 혹은 시작요인이 되는 것이다.

고통과 해석

중요한 사회적 욕구가 좌절되면 부정적인 감정반응이 유발되므로 사람은 고통을 경험하게 된다. 사랑과 소속감의 욕구가 좌절되면 슬픔, 고독, 분노 등의 전형적인 감정반응이 초래된다. 자기존중의 욕구가 좌절되면 고독, 무가치감, 자기비하나 자기혐오, 분노 등의 감정반응이 초래된다. 부정적인 감정으로 인해 고통스러워지면 사람은 고통에서 벗어나기 위해서라도 자기 상황에 대한 해석을 시도한다. 몸이 아프면 본능적으로 왜 아프게 되었는지를 따져서 몸을 치료하려고 하는 것과 같다.

자살 과정에서의 고통과 해석은 서로 밀접하게 관련되어 있다. 일단 고통이 극심하면, 즉 부정적 감정이 과도해지면 해석에 좋지 않은 영향을 미칠 수 있다. 우울감이 심한 이들은 대체로 모든 것들을 비관적으로 바라보는 경향이 있고, 기분이 안 좋은 이들은 타인들의 의도를 적대적인 방향으로 해석하는 경향이 있다. 이것은 부정적인 감정이 객관적인 해석을 방해하고 나아가 해석을 나쁜 방향으로 이끄는 역할을 한다는 것을 의미한다. 정신건강이 양호한 사람은 고통을 비교적 잘 극복하는 반면 그렇지 않은 사람은 고통에 취약한 까닭이 여기에 있다. 다음으로 해석이 잘못되면 고통은 더욱 심해진다. 만일 대학을 졸업하고도 몇 년째 취직이 되지 않아 고통스러워하는 청년이 고통의 원인이 헬조선, 병적인 한국사회에 있다고 해석한다면 그는 사회개혁운동에 참여하여 고통을 해소해 나갈 수 있다. 반면에 이 청년이 고통의 원인을 자신의 무능력 탓이라고 해석한다면 분노를 비롯한 부정적인 감정이 자기 자신을 공격하게 되고 그 결과 자기비하와 자기혐오가 심해진다. 나쁜 방향으로의 해석이 초래하는 자기혐오는 욕구 좌절로 인한 고통을 자살로 이끌어 가는 중요한 분수령이라고 할 수 있는데, 이것은 다음의 몇몇 유서들을 통해서도 쉽게 확인할 수 있다.

나란 녀석을 쓰레기라 하던가

…

뻔뻔하고 쓰레기답게 하자[140]

진정 제가 살아온 삶을 돌이켜보면서
나 같은 놈은 세상을 살아갈 자격이 없는 놈이란 걸 알았습니다.[141]

나 완전 구제불능이야. 짜증난다.

나란 인간 병신 같애. 콱 죽어 버려. 이 병신아.[142]

해석이 자살에 영향을 미친다는 사실은 연령대에 따른 자살률의 차이를 어느 정도 설명해 줄 수 있다. 즉 20~30대보다 40대가, 40대보다 50대가 더 많이 자살하는 것은 다음과 같은 연령대에 따른 해석의 차이와도 관련이 있다는 것이다.

20대와 30대의 경우는 다른 사람이나 가정환경 등의 외부적인 요인에서 자신의 실패의 원인을 찾고 있는 경향이 나타나는 반면, 40대의 경우는 다른 사람과 더불어 자신의 무능력에서 실패의 원인을 찾는 경향이 많은 것을 알 수 있다. 그리고 50대의 경우는 실패의 원인을 구체적인 사람에게 돌리기보다는 막연한 운명 탓으로 돌리고 있었다.[143]

해석 경향에 큰 영향을 미치는 중요한 요인은 사상과 신념이다. 인간적인 고통과 불행의 원인을 병적인 사회에서 찾으며, 사회변혁을 통해 문제를 해결하도록 장려하는 진보적인 사상을 가진 사람은 자신이 겪는 고통을 사회적 견지에서 해석한다. 따라서 자기공격이나 자기혐오에 잘 빠져들지 않는다. 반면에 인간적인 고통과 불행의 원인을 개인이나 잘못된 인간관에서 찾으며, 개인적인 문제해결을 부추기는 반민중적인 사상을 가진 사람은 자신이 겪는 고통을 개인적 차원에서 해석한다. 이럴 경우 자기공격이나 자기혐오가 심해질 수밖에 없다. 그렇다면 특별한 사상을 신봉하지 않는 보통 사람은 어떻게 될까? 사회의식이 부족한 사람은 일반적으로 그가 살고 있는 사회의 주류 사상에 기초해 자기 문제를 해석한다. 대부분의 사람은 자신이 살고 있는 사회로부터 끊임없이 주류 사상을 교육받고 전달받기 때문에 주류 사상에 기초해 상황을 해석할 수밖에 없기 때문이다. 한국의 경우 미국의 주류사상이 한국사회를 지배하고 있는데, 미국의 주류사상은 본질적으로 친자본적인 반면 반민중적이다. 이 때문에 상당수의 한국인은 고통과 관련된 자기 상황을 사회변혁적 방향에서 해석하지 않고 자기 탓을 하는 방향에서 해석한다. 실제로 상당수 한국의 아버지들은 좀처럼 자기를 긍정하거나 사랑하지 못하고 있는데, 그 주요한 이유 중의 하나가 주류사상에 기초해 자기를 바라보고 있다는 것과 관련이 있다. 사실 한국처럼 불의와 부정부패가 극심한 나라에서 한평생 성실하고 착하게 살아왔다면, 그것만으로도 스스로를 긍정하고 자랑스러워해야 마땅하다. 그러나 한평생을 성실하고 착하게 살아온 한국의 아버지들은 자기를 자랑스러워하기는커녕 자기의 삶을 부정하며 나아가 자기를 혐오하기까지 한다. 다음은 2005년에 자살했던 한 42세 가장의 유서 중 일부이다.

○○야. 아빠처럼 살지 마라.[144]

오늘날의 한국사회는 지독할 정도로 돈을 기준삼아 사람을 평가한다. 한국사회에서 성실하다, 착하다, 정의롭다 등의 훌륭한 품성은 돈과 결부되지 않는 한 아무런 의미를 가질 수 없다. 이 때문에 한국의 아버지들은 제아무리 성실하고 착하게 살더라도 돈을 많이 벌지 못하면 스스로를 높이 평가할 수 없는 것이다. 물론 이것은 단지 한국의 아버지만이 아니라 대부분의 한국인에게 해당되는 사항이기도 하다. 한마디로 가난한 자기를 긍정하고 사랑하며, 자랑스러워하는 한국인이 거의 없는 것은 대부분의 한국인이 돈 숭배로 일관된 한국의 저열한 주류사상에 기초해 자기 상황을 해석하기 때문이라는 것이다. 이런 잘못된 해석이 자살에 심각한 악영향을 미치고 있음은 두말할 필요가 없다.

제3단계

자살 동기

———

심한 고통과 잘못된 해석이 맞물려 악순환이 지속되면 고통을 감당할 수 없는 지경에 이르게 되어 사람은 드디어 자살을 고려하게 된다. 즉 자살 동기를 갖게 되는 것이다.

자살을 실행에 옮기는 바로 그 순간까지도 자살 동기는 살고자 하는 동기와 격렬한 전쟁을 치른다. 자살 동기가 생겨났다고 해서 살고 싶다는 동기가 사라지는 것은 전혀 아니라는 말이다. 이 단계에서 사람은 "주변에 직접적이든 간접적이든 경고신호"를 보내는데, 그것은 "도움을 요청하는 신호"이다.[145] 자살 연구들에 의하면 "자살자의 75%는 어떤 형태로든 자신의 자살에 대한 의사표시를 사전에 했다"고 한다.[146] 주변에 구조를 바라는 경고신호를 보냈지만, 그것이 외면당했을 때 사람은 무엇을 느끼게 될까? 바로 '고독'이다. 구조를 바라고 내미는 손조차 아무도 잡아 주지 않으면, 사람은 자신이 완벽한 '관계의 파탄' 상태에 있음을 새삼 자각하게 된다. 그리하여 자살 동기가 더욱 강력해지고 견고해진다.

안전장치 해제

살아 있는 것이 죽는 것보다 더 고통스러운 상황이 지속되면 자살은 현실화된다. 그러나 이 상황에서도 자살을 막아 줄 수 있는 것이 한 가지 있는데, 그것은 바로 자살의 안전장치라고 말할 수 있는 '관계'이다. 사회적 관계가 자살의 안전장치임은 실업률과 자살률 사이의 관계를 조사한 연구들을 통해서도 확인할 수 있다. 일반적으로 실업률이 상승하면 자살률도 증가하는 것으로 알려져 있다. 실제로 1930년대 대공황 시기의 미국에서는 실업률이 증가하면 곧이어 자살률이 증가했다. 그러나 최근에는 이러한 상관관계가 별로 두드러지지 않는다. 즉 최근에는 실업률이 증가하더라도 자살률이 증가하지는 않는다는 것이다. 왜 이런 변화가 생겨났을까? 1930년대에 세계를 휩쓴 경제공황은 결국 제2차 세계대전으로 폭발했다. 이런 사태는 세계적 차원에서 자본주의 제도가 심각한 결함을 안고 있다는 반성을 불러와 자본주의 제도의 결함을 수정하는 흐름을 만들어 냈다. 노동자에게 노동3권을 전면적으로 보장하고, 실업 지원체계 등 사회보장제도를 도입하며, 중요 산업을 국유화하는 등의 조치로 상징되는 수정자본주의, 복지자본주의 시대가 열린 것이다. 1930년대에 미국에서 실업자가 된 사람들은 그 누구의 도움도 받지 못했다. 이들이 극심한 고독감을 느꼈으리라는 것은 쉽게 예측할 수 있을 것이다. 반면에 서구 자본주의 나라들의 경우 최근에 실업자가 된 사람들은 국가, 사회로부터 어느 정도 도움을 받을 수 있다. 이들은 당연히 사회로부터 버림받았다는 사회적 고립감 혹은 고독을 덜 느낄 것이다. 지금까지 살펴보았듯이 '관계'라는 자살의 안전장치가 있는 경우 실업률은 자살로 이어지지는 않는다. 자본주의 사회에서 직업은 사회적 접촉과 사회적 지지 나아가 사회적 지위를 보장해 주며, 심리적 안정성에 도움을 준다. 이를 반대로 말하면 실업 상태가 되면 사회적 접촉과 사회적 지지가 감소하고 사회적 지위와 심리적 안정성을 상실하게 될 가능성이 커진다는 것이다.

모든 욕구 좌절이 사람을 자살로 몰아가는 것은 아니다. 중요한 욕구의 좌절이 궁극적으로 자살의 안전장치인 관계를 최종적으로 파탄 냄으로써 고독이 정점에 달했을 때 인간은 자살한다. 1985년도에 실시된 캐나다의 자살률에 관한 조사에 의하면 전통적으로 실업률이 높은 지역에서 오히려 자살률이 낮게 보고되었다. 이런 현상의 원인으로는 광범위하고 만성적인 실업으로 인해 실업을 포용적이고 관용적으로 받아들이는 사회적 풍토가 형성되어 있었던 점이 지목되고 있다.[147]

서구의 복지국가들에 비하면 한국의 경우에는 실업이나 파산이 자살로 이어지는 경우가 훨씬 더 빈번하다. 실업이나 파산에 대한 사회적 지원체계가 매우 빈약하고 돈을 기준삼아 사람을 평가하고 차별대우하는 한국에서는 실업이나 파산이 곧바로 관계의 파탄으로 귀결되는 경우가 많다. 한 가장이 사업을 하다가 망했다고 가정해 보자. 그의 아내가 "사업을 하다 보면 잘 될 때도 있고 안 될 때도 있는 거죠. 같이 장사라도 해봐요"라고 등을 두드려 주고, 아이들은 "아빠, 우리들은 알바 하면 되요. 걱정 마세요"라고 격려해 준다. 또한 친구들은 "내가 가난해서 돈으로는 못 도와주지만 언제라도 술은 사 줄게. 힘 내"라고 말해 준다면 어떨까. 이 가장이 자살할 가능성은 거의 없다고 봐도 무방할 것이다. 그에게는 여전히 관계라는 튼튼한 자살의 안전장치가 있기 때문이다. 반면에 사업이 망하자 아내가 이혼서류를 들이밀며 "당신은 남편으로서의 능력을 상실했어요. 어서 도장 찍으세요"라고 말하고, 아이들은 용돈을 주지 못하는 아빠를 상대해 주지 않는다. 나아가 그 많던 친구들은 전화를 받지 않는 등 자기를 피하려는 기색이 역력하다. 이럴 경우 이 가장이 자살할 가능성은 극적으로 높아질 것이다. 그는 파산을 통해서 자신의 사회적 관계가 형편없었음을 직면하게 되고, 그동안 회피해 왔던 고독에 압도당하게 될 것이기 때문이다.

어떤 이는 웃으면서 시련과 어려움을 용감하게 극복해 내는 반면 다른 이는 시련과 어려움 앞에 맥없이 굴복하는데, 이 같은 차이를 낳는 중요한 원인 중의 하나가 바로 '관계'이다. 건강한 관계가 있는 사람은 시련과 난관을 겪으면서 자신이 얼마나 아름답고 소중한 이들한테서 사랑을 받고 있는지를 새삼 자각하게 되고, 그런 관계에 감사하게 된다. 건강한 관계가 없는 사람은 시련과 난관을 겪으면서 주변에 있던 사람들이 자신을 사랑하지 않는다는 사실을 뼈저리게 깨닫게 되고, 그런 관계에 절망하게 된다. 한마디로 객관적으로 고통을 유발하는 상황은 사람들로 하여금 자신이 얼마나 고독한지를 선명하게 깨우치도록 강제한다는 것이다.

자살에 관한 연구들에 의하면 "매일 만나서 함께 희로애락을 나누는 가까운 친구, 가족, 이웃, 공동체 성원들이 자살 예방에 가장 중요한 역할"을 한다.[148] 이런 맥락에서 나는 다음과 같은 주장이 절대로 과하지 않다고 생각한다.

> 누군가 단 한 사람이라도 자신에게 관심을 가져 주고, 자신을 도와주려 하고, 그래서 조금이라도 문제를 해결할 수 있다는 생각이 들면 자살을 안 할 수 있다.[149]

절대고독 상태는 자살의 안전장치를 해체시킨다. 돈으로 사람을 재단하고 차별하는 병적인 자본주의 사회에서 건강한 관계의 유무가 자살에 결정적인 영향을 미치는 까닭이 바로 여기에 있다.

사람이 온갖 어려움에도 불구하고 웃으면서 세상을 살아갈 수 있으려면 무엇이 필요할까? 그것은 바로 관계와 희망이다. 관계가 있으면 사람은 적어도 자살은 하지 않는다. 하지만 관계는 있지만 희망이 없다면 사람답게, 혹은 즐겁게 살 수가 없다. 관계가 좋은 사람들이 침몰하는 잠수함 안에 갇혀 서서히 죽어 가는 장면을 한번 상상해 보라. 침몰하는 잠수함 안에 갇혀 있더라도 사람들이 즐겁고 행복하게 살려면 '희망'이 있어야 한다. 물 위에서 구조대가 구조작업을 하고 있어서 언젠가는 구조된다는 희망을 가질 수 있다면 침몰하는 잠수함 안에서도 사람들은 능히 행복할 수 있다. 실제로 몇 년 전에 이런 일이 칠레의 탄광 붕괴 사태 시에 발생해서 세상 사람들을 놀라게 하고 큰 감동을 주기도 했다. 탄광이 무너져 광부 33명이 지하에 갇히자 처음에 이들은 감정적으로 혼란스러워하고 서로 반목하기도 했다. 그러나 지도자 역할을 하는 사람이 등장해 사람들을 진정시키고 관계를 회복하도록 도와주자 분위기가 크게 좋아졌다. 마침 이때 광부들에게 구조대가 구조작업을 하고 있다는 메시지가 전달되었다. 관계가 회복된 상태에서 희망까지 가질 수 있게 된 것이다. 그 시점부터 광부들은 지하에 갇혀 있으면서도 즐겁게 생활할 수 있었고, 모두가 어려움을 잘 견뎌 내고 구조되었다.

제2차 세계대전 시기 아우슈비츠(강제수용소)에서 발생했던 자살에 관한 연구도 동일한 결과를 보여 준다. 당시 수용소 생활을 가장 잘 이겨냈던 부류의 사람들은 공산주의자와 기독교인이었다. 공산주의자들은 수용소에서도 당 조직을 만들어 조직생활을 유지했고 서로를 혁명동지로 여기며 좋은 관계를 유지했다. 러시아 사회주의 혁명의 성공으로 유럽 곳곳에서 사회주의 운동이 고조되고 확산되던 시기였기 때문에 수용소에서도 공산주의자들은 희망을 갖고 지냈고 설사 자신들이 죽더라도 사회주의 혁명이 성공할 것이라는 굳은 확신이 있었기에 잘 버틸 수 있었던 것이다. 기독교인들도 공산주의자들처럼 동지적 관계는 아닐지라도 교인들끼리 공동체 생활을 하며 서로 돕고 위했으니 관계가 좋았다고 할 수 있다. 기독교인들 역시 하느님에게 악이 심판받을 것이라고 생각하고 있었고 추상적이고 막연한, 종교적인 희망에는 한계가 있었지만 자신이 죽어도 하느님 앞에 간다는 희망이 있었기에 절망적인 상황에서도 견딜 수 있었던 것이다. 이렇게 우리는 아우슈비츠의 사례를 통해 사람은 극단적 상황에서도 희망과 그것을 유지할 수 있도록 도와주는 관계가 있으면 버틸 수 있다는 것을 알 수 있다.

자살 과정에 관한 지금까지의 논의를 표를 통해 정리해 보면 다음과 같다.

자살단계	제1단계	제2단계	제3단계	제4단계
내 용	욕구 좌절	고통과 해석	자살 동기	안전장치 해제
설 명	기대와 현실 사이의 괴리 등으로 주요한 사회적 욕구의 좌절	고통의 심화 + 편향된 해석 = 자기공격, 자기혐오	자살 동기와 살려는 동기 사이의 갈등	관계의 파탄, 절대고독 상태의 자각
과 제	고통스러운 감정의 해소(공동체를 통한 치유, 건강한 방식으로 감정분출)	고통 경감, 객관적 해석 유도 (사회의식)	구조 신호 포착, 도움의 손길 제공	국가적, 사회적 개입 필요

4부

한국형 자살

— 한국인은 왜 자살하는가?

한국인도 인간인 만큼 자살에 관한 일반적인 이론들은 한국인에게도 그대로 적용될 수 있다. 그러나 이것만으로는 왜 한국의 자살률이 세계 최고를 기록하고 있으며, 자살률이 줄어들지 않고 있는지와 같은 문제들을 이해하기는 어렵다. OECD 회원국의 2013년 자살률을 비교한 자료에 의하면 일본은 20.9, 한국은 29.1로 높은 반면 그리스는 3.1, 이탈리아는 5.8로 자살률은 나라마다 큰 차이가 난다.[150] 또한 전반적으로 OECD 회원국의 자살률은 1980년대를 기점으로 점점 감소하고 있지만, 유독 한국은 1990년대 이후부터 꾸준히 증가하고 있다.[151] 한국에서 자살률은 1998년에 큰 폭으로 증가했고 이후 꾸준히 증가하는 추세를 유지하고 있다. 마지막으로 자살에 관한 일반적인 이론만으로는 전통적으로 자살을 거의 하지 않았던 한국인이 왜 20세기 이후, 특히 1960년대 이후와 2000년대 이후에 급격히 자살하기 시작했는지를 이해하기도 어렵다. 이렇게 자살은 인간 공통의 문제이지만 사회역사에 따라 차이를 드러내고 있으므로 한국형 자살, 즉 한국인의 자살이 가지고 있는 특징들을 정확히 파악하려면 한국적 상황에 대해서 살펴볼 필요가 있다.

1
원래 한국인은 자살과는
거리가 먼 민족이었다

　서구인이나 일본인과 비교해 보면, 원래 한국인이 거의 자살하지 않는 민족이었음을 알 수 있다. 물론 과거에도 극소수 한국인들이 자살하기는 했지만, 그런 자살은 오늘날의 전형적인 자살과는 사뭇 다른 자살이었다. 옛 한국인의 자살은 대부분이 수치, 분노와 관련된 자살이다. 조선 후기의 형사 판례집인 『심리록』은 아예 자살한 사람들이 '수치와 분노 때문에' 자살했다고 기록하고 있다. 수치와 분노로 인한 자살이란 힘없는 백성이 학정을 견디다 못해 분해서 자살하거나 정절을 빼앗긴 여성이 수치감을 견디지 못해 자살하는 것 등으로서, 자살의 원인이 분명한 일종의 '명예' 자살이었다. 다음의 설명을 통해 확인할 수 있듯이, 명예자살은 오늘날의 한국인들 속에서도 꾸준히 발생하고 있다.

한국인은 자살을 통해 누명을 벗고 명예를 회복하려는 동기가 강하다. 한국인은 억울한 누명을 쓰면 자살하는 경향이 높은데, 자살로써 누명이 벗겨지고 명예가 회복된다고 믿었기 때문이다. … 자살을 한 사람들에 대해 정에 약한 한국인들은 심리 특성상 '오죽했으면 …' 하는 시각으로 받아들이고, 그 결과 상대적으로 도덕적 우위를 차지하도록 하는 결과를 만들어 내는 측면이 있다.[152]

과거의 한국인들은 명예자살 외에는 거의 자살을 하지 않았던 까닭에 기록의 왕국이라고 할 수 있는 조선 시대의 기록들을 들추어 보아도 "사대부나 상층 계급에 속한 사람이 생활고나 우울증, 혹은 염세나 처지 비관 등의 '심리적이고' '개인적인' 이유로 자살했다는 기록을 찾기는 어렵다."[153] 한국인이 자살을 거의 하지 않았던 가장 주요한 이유는 한국 민족이 유난히 관계가 좋은 민족이었다는 사정과 관련이 있다. 한국인들은 5천 년이 넘는 긴 세월동안 같은 장소에서 공동체를 이루고 살아왔다. 그러나 다른 나라들과 비교해 볼 때, 이렇게 긴 세월 동안 민족 내부 구성원끼리 서로 전쟁을 치르거나 학살행위를 했던 일은 거의 없었다고 해도 과언이 아니다. 최초의 통일국가라고 할 수 있는 고려 시대 이후로 민족 내부에서의 대규모 전쟁은 없었고, 권력이나 반사회적인 일탈집단이 양민들을 무차별적으로 학살하는 경우도 별로 없었다. 한국과 이웃하고 있는 동아시아 나라들인 중국이나 일본만 하더라도 민족 내부에서의 전쟁이 매우 빈번했고, 사회혼란을 틈타 권력이나 일탈집단이 양민들을 잔인하게 학살하는 사례들이 많았으나 한국 민족은 비교적 안정되고 평화로우며, 문화적인 환경 속에서 살아왔던 것이다. 중국의 가옥이 외부의 공격을 방어하기 위한 폐쇄적인 형태였던 반면 한국의 가옥이 개방적인 형태였던 것은 이와 관련이 있다. 이 외에도 한국 민족은 전통적으로 사람, 백성을 귀중하게 여기는 사상을 신봉해 왔고, 민중의 주인의식이나 권리의식이 대단히 높았다는 등의 장점이 있는데, 여기에서는 이 정도만 언급해도 충분할 것 같다.

여러 자료를 보면, 조선시대 한국인의 대인신뢰감이 대단히 높은 수준에 도달해 있었음을 확인할 수 있다. 잘 알려져 있듯이, 한국의 전통적인 미풍양속 중의 하나가 길 가는 나그네를 잘 대접해 주는 것이다. 조선사회에서 길 가던 나그네들은 부잣집 대문 앞에 서서 '이리 오너라!'를 외쳤고, 부잣집에서는 그를 받아들여 잠을 재워 주고 먹을 것을 제공했다. 이런 풍속은 단지 부잣집만이 아니라 평민들 사이에서도 동일했는데, 유학자 이이의 글을 보면 이런 대목이 나온다. 이이가 처갓집에 가려고 산길을 가다가 길을 잃어 산속을 헤매게 되었다. 늦은 시각, 남편과 아내 그리고 갓난아이를 포함해 세 식구가 살고 있던 누추한 초가를 발견한 이이가 그 집에 묵게 되었다. 여장을 풀고 있는데, 옆방에서 밥 한 그릇을 주제로 부부가 가볍게 논쟁을 하는 소리가 들려왔다. 아내는 어제도 굶다가 겨우 밥 한 공기를 마련했으니 손님한테 반 공기만 드려도 예의에 어긋나지 않는다고 말한 반면, 남편은 사람이 어찌 그런 짓을 할 수 있느냐며 손님에게 한 공기를 모두 드려야 한다고 말했다. 나중에 밥상이 들어오는 것을 보니, 한 공기의 밥이 그대로 담겨 있었다. 이틀이나 굶으면서도 길 가는 나그네에게 밥을 모두 내주는 부부를 보면서 이이는 이렇게 훌륭한 백성들인데, 위정자들이 정치를 잘하지 못해 백성을 굶주리게 하고 있다며 개탄한다. 이 일화를 보면 알 수 있듯이 조선에서는 가난한 백성들조차 지나가는 나그네를 기꺼이 집에 들여 주고 정성을 다해 대접하는 아름다운 풍습이 있었다. 오늘날 이런 일은 상상조차 하지 못하는데, 이것은 적어도 대인신뢰감이란 측면에서 보면 조선시대가 차라리 오늘날보다 우월했다는 것을 의미한다. 아무튼 조선시대까지만 해도 한국인은 기본적으로 사람을 믿을 수 있었고, 신분의 차이를 제외한다면 민중들 사이의 관계가 우호적이었다. 이것은 한국인이 공동체 속에 소속되어 건강한 관계를 맺고 살아왔음을 의미한다. 이렇게 고독과는 거리가 먼 삶을 살았기 때문에 전통적으로 한국인은 자살을 거의 하지 않았던 것이다.(반면에 반민중적 학정에 대항해 민중봉기를 많이 일으킨 면에서는 단연 한국인이 세계 최고 수준이다.)

거의 자살을 하지 않던 한국인이 자살로 다가서기 시작한 때는 일제강점기였다. 한국을 식민지배 했던 일본은 1910년대에 이미 그 어느 자본주의 국가보다 자살률이 높아서 오늘날과 같은 정도에 도달했다.[154] 그렇지만 당시까지만 해도 한국인은 일본인과 달리 거의 자살을 하지 않았다. 『동아일보』가 게재한 1926년 2월의

한 논설은 "자살이라고 하는 행동이 우리 조선인 간에 많이 나타
난 것은 십년 내외의 일"이라고 말하면서, 한국인이 원래 자살과
는 거리가 먼 민족이었음을 지적하고 있다. 논설은 "그 죄가 자살
자에게 있다고 하는 것보다도 사회에 있고 정치에 있다 할 것이
다"라고 끝맺음으로써 한국인의 자살이 민족성과는 관련이 없고
식민통치가 낳은 결과임을 강조했다.

2

반민중적 독재 70년과 자살

세계적으로 자살 성향이 낮은 쪽이었던 한국인이 부쩍 자살을 많이 하기 시작한 시점은 1960년의 4.19혁명을 군홧발로 짓밟은 박정희의 5.16 군사쿠데타 이후였다. 큰 역사적 흐름에서 보면 이 시기 이후 한국인의 자살률은 계속 세계 최고수준을 유지해 왔는데, 이것은 반민중적인 독재정권의 장기집권이 한국인을 대량 자살하게 한 근본원인임을 시사해 준다. 다음은 연대에 따른 소득변화와 자살자를 비교한 표인데, 여기에서 제시된 통계수치를 통해 확인할 수 있는 사실은 다음과 같다.

연도	1960~1979	1987	1990	1993	1996	1998	2001	2004
GDP		115조	186조	290조	448조	484조	622조	779조
자살자	현재와 비슷한 높은 자살률 기록	다소 감소		완만하게 증가		크게 증가	증가 추세 지속	
비고	유신독재	민주화운동		신자유주의로의 전환 시작		경제 위기	신자유주의 체제	

첫째, 박정희 유신독재 시대의 자살률이 오늘날의 자살률만큼
이나 높다. 1960~1970년대 내내 자살률은 인구 10만 명당 25명
이상을 유지할 정도로 높았다. 1973년의 자살률은 27.61명이었
고, 1975년에는 31.87명으로 정점을 찍었다. 유신독재 시절의 자
살률은 대한민국 건국 이래 자살률이 가장 높다고 하는 오늘날과
거의 비슷한 수준이다. 그러나 박정희 유신독재정권은 각종 국가
통계를 비밀문서로 분류·통제했고, 자살 통계 역시 은폐했다.[155]
유신독재 시절은 경제적으로는 성장이 지속되던 시기였다. 그러
나 정치적인 면에서는 4.19혁명을 통해 분출되던 민중의 변혁에
대한 열망이 군홧발에 의해 무참히 짓밟혀 버린 암흑기였다. 민주
주의는 민중이 고통의 원인을 올바로 이해하고 그것을 제거하기
위해 행동할 수 있는 길을 열어 준다. 즉 욕구 좌절에 따라 고통이
유발되더라도 그것을 객관적으로 해석하고 해결할 수 있게 해 준
다는 것이다. 이럴 경우 당연히 자살은 감소한다. 유신독재정권
은 국민을 파쇼적 사상으로 세뇌하려고까지 했던 잔인무도한 독
재정권이었기 때문에 민중으로 하여금 욕구 좌절이 유발하는 고
통을 올바로 해석할 수 없도록 만들었을 뿐만 아니라 그것을 해결
할 수 있다는 희망을 품는 것조차 불가능하게 만들었다. 당연히
자살률이 높아질 수밖에 없었을 것이다.

둘째, 투쟁이 있으면 자살은 줄어든다. 1980년대에 들어서자
서서히 고조되던 민주화운동은 마침내 1987년의 6월 민중항쟁과
7~9월 노동자 대투쟁으로 폭발한다. 이후 1990년대 초반까지 한

국사회에는 거세찬 민주화의 물결이 휘몰아치게 되는데, 이것이 자살률의 감소에 상당 부분 기여했다. 물론 한국사회가 급속히 자본주의화됨에 따라 자살률은 체계적으로 증가하고 있었지만 1987~1991년 사이에는 자살자의 수가 다소 감소했다. 예를 들면 1988년의 인구 10만 명당 자살자는 18.59명(경찰 통계)이었다.[156]

셋째, 신자유주의 체제의 가장 큰 후유증이 바로 자살이다. 김영삼정부는 1994년부터 '세계화'의 구호 밑에 신자유주의 체제로의 전환을 적극화했다. 이 과정에서 1998년의 IMF 경제위기가 발생했고 이를 계기로 한국사회의 신자유주의 체제로의 전환이 급격하게 추진되었다. 1998년에 폭발적으로 증가했던 자살자는 그 이후부터는 계속 증가추세를 유지[157]하고 있는데, 이것은 신자유주의 체제야말로 자살의 결정적 원인임을 암시해 준다. 환경이 나쁜 쪽으로 바뀐다고 해서 곧바로 자살자가 증가하지는 않는다. 사람은 일단은 어떻게든 고통을 참고 견디려고 애쓰기 때문이다. 따라서 신자유주의 체제가 지속되고 그에 따라 고통이 심해져 도저히 감당할 수 없는 지경에 이르는 시점부터 본격적으로 자살자가 증가하기 마련인데, 한국의 경우에는 그 무렵 IMF 경제위기가 발생했고 그 시점부터 자살자가 폭발적으로 증가하기 시작했던 것 같다.

1990~2004년 사이 한국의 거시 경제지표와 자살률을 비교 조사했던 경제학자 노용환에 의하면 "자살률과 소득분배 지표 사이에 확실한 상관관계"가 있다. 그는 "특히 1998년의 IMF 경제위기 이

후의 한국에서는 10대와 20대를 제외한 거의 모든 연령층에서의 자살률과 소득분배 지표 사이에 강한 상관관계가 존재한다"는 사실을 근거로 "한국의 급격한 경제적 양극화가 자살률의 급증과 깊은 관계가 있다고 주장했다."[158] 이것은 타당한 주장이라고 할 수 있는데, 그것은 경제적 양극화가 중요한 사회적 욕구를 좌절시키고, 공동체를 파괴하고 관계의 질을 악화시켜 자살의 안전장치를 제거하는 등의 악역을 수행하기 때문이다.

넷째, 전체적인 물질적 부의 수준과 자살 사이에는 큰 상관관계가 없다. 이미 앞에서도 지적했지만 한국에서의 자살률 변동은 경제성장 혹은 물질적 부의 증감과 의미 있는 상관관계가 없다. 높은 경제성장률을 기록했던 박정희 유신독재 시기의 자살률은 2000년대와 마찬가지로 세계 최고 수준이었다. 또한 "한국이 세계 최빈국에서 세계 10위권의 경제대국이 되는 사이에 한국의 자살률은 늘 세계 최상위권이었"다. "1990년대에 비해 2010년대의 한국인은 두 배나 더 많이 자살"[159]하고 있는데, 이것은 경제성장 혹은 물질적 성장이 자살 예방에는 거의 도움이 되지 않는다는 사실을 분명히 보여주고 있다. 자살 문제를 기준으로 놓고 보면, 유신독재 시절 이후의 한국사회가 일제식민지 시절보다 못하다. 일제식민지 시절의 자살률은 오늘날의 자살률보다 2분의 1 이하로 낮다.[160] 그렇다면 자살을 기준으로 볼 때, 한국은 북한보다 낫다고 말할 수 있을까? 북한의 자살 통계는 구하기 어려운 데다 설사 구한다 하더라도 신뢰성에 대해 의문을 제기하는 사람들이 많을 것이므로 단정적으로 결론을 내리기는 어렵다. 하지만 북한을 떠나 한국에 정착한 탈북자들의 자살률이 남한 주민들보다 무려 3배 가까이 높다[161]는 사실은 적어도 자살에 관한 한 한국이 북한보다 낫다고 말할 수 없음을 시사해 준다. 이 분야에 대해서는 좀 더 많은 연구가 필요할 것이다.

3
한국형 자살

일반적으로 신자유주의 체제 속에 더 깊이 편입된 나라일수록 자살률이 높게 나타난다. 이것은 신자유주의 체제가 여러 자본주의 모델 중에서도 가장 반인간적인 모델임을 보여 주는 명확한 증거다. 1990년대 이후 본격적으로 신자유주의 체제로 전환되기 시작한 한국에서 자살이 급증하기 시작한 것 역시 이를 잘 보여 준다. 그런데 신자유주의 체제로 전환한 나라 중에서도 한국의 자살률은 단연 세계 최고인데, 그 원인은 어디에 있을까? 이 점을 이해하려면 한국인의 심리를 살펴볼 필요가 있다.

한국인의 집단주의 심리

사람은 사회적 존재이기 때문에 개인과 사회와의 관계에 대한 나름대로의 견해에 기초해 사회와 관계를 맺고 사회생활을 해 나간다. 여기에서 개인과 사회 중에서 무엇을 더 중요하게 여기느냐에 따라 개인주의와 집단주의 사상이 구분된다. 개인주의는 집단보다 개인이 더 중요하며, 사회는 본질적으로 개인의 이익을 더 잘 실현하기 위해 존재한다고 믿는다. 반면에 집단주의는 개인보다 집단이 더 중요하며, 사회가 건강해져야 비로소 개인의 이익도 원만히 실현될 수 있다고 믿는다.

문화권에 따라서 개인주의 심리가 우세한 경우도 있고, 집단주의 심리가 우세한 경우도 있다. 지금까지의 심리학 연구들에 의하면 서구인은 개인주의 심리가 강한 반면 동양인은 집단주의 심리가 강하다. 그렇기 때문에 "서구 문화는 기본적으로 개인주의적 특징을", "동양의 문화와 한국의 문화는 기본적으로 집단주의적 특징"을 가지고 있다.[162] 여기에 한 가지만 덧붙이자면, 동양인 중에서도 한국인의 집단주의 심리가 가장 강력하다는 점을 지적할 필요가 있다. 심리학자 한성열은 한국의 집단주의 문화에 대해 다음과 같이 설명하고 있다.

> 집단주의 문화 속에서 다른 사람과의 조화로운 관계를 이상으로 삼는 우리의 문화적 이데올로기에서 마음은 무엇보다 '서로 통한다'는 특징을 가진다. … 한국인의 마음은 … 사회적으로 규범화된 이상적인 또는 바람직한 심성과 가치를 자신의 마음에 내면화시키고 실천하는 것이다. … '마음의 문을 열고 다른 사람과 하나가 되는 것(일심동체)'이 곧 한국 문화에서 가장 바람직한 사람과 사람 사이를 잘 설명해 주는 말이다.
> 일단 마음만 통하면 한국 사람에게는 내 것, 네 것이 없게 된다. 일단 마음이 통하면 너도 아니고 나도 아닌 제3의 그 무엇, 바로 '우리'가 되는 것이다. 이것이 전통적으로 한국 사람들이 가지고 있는 기본적인 인간관이며 한국 문화를 구성하는 핵심요소다.[163]

가난한 휴대전화 판매원이었다가 2007년, TV 공개오디션 프로그램인 '브리튼 갓 탤런트Britain's got talent'에서 우승해 일약 스타가 된 폴 포츠(Robert Paul Potts · 46)는 한국인을 좋아해서 한국을 자주 방문한다고 한다. 그는 한국인에게 매료된 이유 중의 하나로 한국인은 일단 마음이 통한다 싶으면 속을 쉽게 드러낸다는 점을 꼽았다.

"한국 사람이 좋다. 대부분의 한국 사람은 어느 정도 친해지면 속내를 드러낸다. 심지어 약점까지도 드러낸다. 자신을 잘 드러내지 않는 일본 사람과는 비교가 된다. 사실 약점을 드러내면 책잡힐 수도 있고 그래서 손해가 날 때도 있다. 그래도 내가 만난 많은 한국 사람은 서너 번 만나면 속내를 탁 털어 얘기하는 사람이 많다. 자신을 솔직하게 드러낸다는 것은 무엇인가. 상대방에게는 경계를 무너뜨리고 신뢰를 주게 된다. 나는 그런 한국 사람들이 좋다. 그리고 별로 내세울 것은 없는 이른바 '근본이 없는' 나를 변함없이 좋아해 주는 데 큰 감동을 받고 있다."[164]

이렇게 요즘 같은 각박한 시절에도 한국인은 마음이 좀이라도 통한다 싶으면 '우리'가 되려는 열망을 주저 없이 드러내는데, 이것은 한국인이 역사적으로 강고하게 형성된 집단주의 심리를 마음속 깊은 곳에 여전히 간직하고 있음을 잘 보여 준다.

한국형 자살

최상의 인간관계에 대한 기대 vs 최악의 인간관계로 인한 좌절

—————

　전 세계에서 가장 강하다고까지 말할 수 있는 한국인의 집단주의 성향은 긴 세월 동안 강대국의 외침을 물리치고 자주권을 수호할 수 있게 해 주었고, 한국전쟁 이후 눈부신 경제발전을 가능하게 해 준 결정적인 동력으로 작용했다. 또한 한국인들이 서로를 친절하게 대하면서 서로를 위하고 도와주는 아름다운 관계 속에서 살아올 수 있게 해 주었다. 그러나 이것을 뒤집어 생각하면, 한국인은 다른 어느 민족보다도 '우리'(공동체)의 상실, 관계의 파탄 등이 초래하는 고통을 가장 끔찍한 수준에서 경험할 가능성이 높다는 것을 의미한다. 사람은 가장 간절히 바라는 소망이 좌절될 때 가장 심각한 고통을 경험하기 마련이기 때문이다.

　전통적으로 한국인이 자살을 거의 하지 않았던 것은 한국인이 끈끈한 관계 속에서 공동체 생활을 해 왔고, 그에 따라 고독을 거의 느끼지 않아도 되었던 사정과 밀접한 관련이 있다. 개인주의

심리가 전형적인 서구인은 전통적으로 동양인에 비해 고독, 외로움, 불안, 우울 등에 더 취약하다.

이 세상에 나 혼자 존재한다고 생각하는 사람이 제일 쉽게 경험하는 부정적 감정은 아마도 '외로움loneliness'일 것이다. 그리고 이 상태가 너무 심하고 지속적이면 '불안anxiety'을 느낄 것이고 '우울depression' 해질 것이다.(한성열 & 이홍표, 1995) … 나를 중심으로 하는 개인주의 문화권에서 가장 많이 나타나고 또 가장 핵심적인 부정적 정서는 바로 불안과 우울이다. 나 혼자이기 때문에 불안한 것이다.[165]

개인주의 성향이 강해서 기본적으로 혼자 산다고 생각하는 서구인은 천성적으로 고독에 취약했고 그에 따라 불안도 심했다. 사람은 누구나 다른 이들도 다 자기 같다고 생각하는 경향이 있기 때문에 서구인은 쉽게 마음의 경계를 허물지 않는다. 그렇기 때문에 서구인의 대인관계에서 기본은 하나 혹은 우리가 되는 것이 아니라 혼자인 두 사람 사이의 '계약' 혹은 '계산적인 주고받기Deal' 이다. 미국 영화를 보면 '나는 너에게 이걸 해 줄 테니, 너는 나에게 이걸 해 줘'라고 거래조건을 제시하며 'Deal?'이라고 말하는 장면이 자주 나온다. 심지어 이런 장면은 부모와 자식 사이의 대화에서도 쉽게 발견할 수 있다. 하지만 한국에서 이런 식으로 말하고 행동했다가는 "저 인간, 더럽게 계산적이네"라고 욕을 먹기 십상이다. 집단주의 성향이 강하고 우리 속에서 생활해 온 한국인은 서구인과는 달리 전통적으로 고독, 외로움, 불안, 우울 등에는 별로 시달리지 않았던 반면 억울함, 분함 등에는 시달려 왔다. 과거 한국인의 가장 큰 자살 이유가 '홧김에 분을 이기지 못해 자살'하는 것이었던 까닭이 바로 여기에 있다. 물론 요즘에는 한국인도 많이 개인주의화되었지만 여전히 한국인은 집단주의 심리의 지배를 받고 있고, 그것에 기초해 인간관계를 맺거나 맺으려고 하는 경향이 있다.

> 우리나라 사람들의 인간관계는 서양 사람들이 이해하기 힘든 인간관계다. … 우리는 항상 혼자가 아닌 우리이기 때문에 외로움이나 불안을 서구 사람들보다 덜 느낀다. … (한국인들에게 있어서) 구태여 나의 마음을 알려야 하는 관계는 이미 바람직한 관계가 아니다. … 상대방이 알아서 내 마음을 알아 주지 않을 경우 섭섭함을 느끼고 억울하고 화가 난다. 이런 의미에서 한국 사람들은 상대가 자신에 대해 행한 행동을 그 자체로 평가하는 차원을 넘어서 그 행동에 실려 있는 '마음 써 주기'의 크기나 양으로 전환·해석하여 상대의 행동을 평가한다. … 행위 교환이라기보다 '마음 주고받기'라고 할 수 있다.(최상진, 2011)

> 이런 문화 속에서 생활하는 한국 사람에게는 '화(火)'가 제일 기본적이고 핵심적인 부정적 감정이다. … 화병이란 대인관계에서 화가 날 충격적인 일이 있은 후 나타나는 분노반응으로서 우리 문화권의 특수한 정신질환(이다). … 상대적인 의미에서 우리나라에서

자살에 이르게 하는 기본적 부적 정서는 우울이 아니라 화나 섭섭함 또는 억울함이다. … '홧김에 서방질한다'는 속담도 있듯이 … 홧김에 자살도 한다. … 화나 억울함이 우리에게는 주요한 자살의 원인이 된다.[166]

오늘날 한국인을 자살로 떠미는 부정적인 감정을 우울로 볼 것이냐 아니면 화로 볼 것이냐에 대해서는 좀 더 심도 깊은 연구가 필요할 것이다. 그러나 분명한 것은 현재 한국인의 자살에는 이 두 가지가 모두 다 영향을 미치고 있다는 점이다. 분명 오늘날의 한국인도 남이 내 마음을 알아주는 이심전심의 관계를 간절히 원하고 있다. 이것은 일상적인 경험을 통해서나 상담경험을 통해서나 쉽게 확인할 수 있다. 그러나 동시에 오늘날의 한국인은 남들로부터 고립되어 혼자가 되었다는 고독이나 외로움에도 시달리고 있고, 그로 인해 불안이나 우울 수준도 높다. 정리하자면, 현재 상황은 전통적으로 대인관계에서 억울함이나 화로 고통받던 한국인이 1990년대 이후부터는 기존의 고통은 물론이고 고독, 불안, 우울 등으로도 고통받고 있다고 말할 수 있다. 울고 싶은데, 뺨 맞은 격이라고나 할까? 한국인의 정신적 고통이 사상 유례 없을 정도로 심각해진 것은 바로 이 때문이다.

OECD의 '2015년 삶의 질How's life?' 보고서에 의하면 한국인의 삶의 질은 여타의 OECD 회원국들과 비교할 때 매우 낮은 수준이다. 특히 한국은 '사회관계 지원'(2014년) 항목에서 OECD 34개국 가운데 꼴찌를 차지했다. 어려울 때 의지할 친구나 친척이 있는지와 관련한 점수에서 한국은 72.37점을 기록해 OECD(88.02점) 평균에 크게 못 미친 것은 물론 회원국 중 최저였다.[167]

　반복적으로 강조하지만, 집단주의 심리가 강한 한국인은 전 세계에서 가장 관계를 중요시하는 민족이라고 해도 과언이 아니다. 한마디로 한국인은 최상의 인간관계 속에서 살아왔고 여전히 최상의 인간관계를 갈망하고 있다. 그런데 그런 한국인이 오늘날에는 OECD 회원국 중에서 인간관계가 최악인 사회에 살고 있는 것이다! 이런 점에서 최상의 인간관계에 대한 처절한 열망이 최악의 인간관계에 의해 무참히 짓밟히고 있는 것이 초래하는 참혹한 결과가 바로 한국형 자살이라고 말할 수 있다.

　전작인 『불안증폭사회』(2010, 위즈덤하우스)와 『트라우마 한국사회』(2013, 서해문집)에서 설명했듯이, 1990년대 이후 신자유주의 체제로의 전환은 '우리'의 해체를 야기했고 '이심전심'의 관계를 무너뜨렸다. 동시에 잔인하고 경쟁으로 몰아넣어 서로에 대한 적대감을 키우고 절대고독자로 전락시켰다. 한국인은 여전히 굳이 말하지 않아도 서로의 마음을 알아 주는 수준 높은 인간관계를 원하고, 타인과 물질적 손익계산이 아닌 마음 주고받기를 하며 살아가기를 원한다. 그러나 병든 작금의 한국사회는 이러한 욕구를 무참히 짓밟고 한국인을 무한 고통의 아수라장에서 살도록 강요하고 있다. 이것이 바로 유독 한국인의 자살이 급등하게 된 가장 큰 이유다.

정의와 평등은 한국인의 생명선

　'우리'를 중시하는 사회일수록 정의와 평등을 중시하기 마련이다. 개인을 중시하는 사회는 마치 양궁 팀과 유사하다고 할 수 있다. 양궁 팀에서도 팀워크는 중요하지만 가장 중요한 것은 선수 개개인의 기량이다. 따라서 선수의 기량에 따라 상금을 차등화해도 선수들은 그다지 크게 상처받지 않는다. 반면에 집단을 중시하는 사회는 마치 축구 팀과 유사하다고 할 수 있다. 축구 팀에서도 개인기량은 물론 중요하지만 가장 중요한 것은 팀워크이다. 따라서 선수 개개인의 기량에 따라 상금을 차등화하면 선수들은 크게 상처받는다. 만일 골을 넣은 공격수에게만 높은 상금을 주고 온 몸을 던져 상대 팀의 공격을 저지한 수비수에게는 낮은 상금을 준다면 어떻게 되겠는가. '우리'를 중시하는 사회에서 정의와 평등이 특별히 중요한 것은 이와 관련이 있다. 부모가 가난해 형제들이 모두 빈곤하게 자라난다고 해서 자식들이 억울함, 분함 등에

시달리는 것은 아니다. 그러나 부모가 부유해서 다들 풍족하게 자라나더라도 다른 형제에 비해 차별대우를 받은 형제는 반드시 억울함, 분함 등으로 상처받는다.

앞에서 계속 지적했듯이, 한국인은 무의식 깊은 곳에서부터 '우리' 속에서 살아가기를 원하고 있다. 즉 한국인은 혼자서가 아니라 축구 팀의 일원, 가족의 일원으로서 살아가기를 바란다는 것이다. 이것은 한국인이 '모두 다 가난한 것'은 비교적 잘 견딜 수 있지만, 차별대우는 견딜 수 없을 것이라는 예측을 가능하게 해 준다. 실제로 다수의 사회학, 심리학적 연구들에 의하면 한국인은 차별이 없는 것, 즉 평등에 가장 민감한 반응을 보이는 것으로 알려져 있다. 한국인이 타인과 사회로부터 무시당하는 고통을 가장 견디기 어려워하는 것 역시 이와 관련이 있다. '우리'에 속해 있지 않다는 느낌만큼 한국인에게 견디기 어려운 고통은 없기 때문에 한국인은 차별과 무시를 당하면 외국인은 이해할 수 없을 정도로 끔찍한 고통을 경험하게 된다. 다음 사례는 이를 잘 보여 준다.

2014년 10월 서울 압구정동 모 아파트에서 60대 경비원 김모 씨가 분신자살했다. 김 씨는 퇴직 후 아파트에서 경비원 일을 하며 늘 해고에 대한 불안을 안고 지내왔다. 입주민으로부터 수시로 모욕적인 막말이나 폭언을 들으며 심한 스트레스를 받아 오던 상태였다. 자살 직전에는 입주민이 5층에서 떡을 던지면서 "시루떡 받아 먹어 봐"라고 조롱하던 일도 있었다.[168]

오늘날의 한국사회에는 극소수의 부자들이 절대다수의 일반인들을 무시하는 '수직적 무시'만이 아니라 일반인들이 서로를 무시하는 '수평적 무시'까지 넓게 퍼져 있다. 적어도 1980년대까지만 하더라도 평범한 일반인들이 서로를 무시하는 수평적 무시는 그다지 심각하지 않았다. 1980년대를 배경으로 제작된 '응답하라! 1988'이라는 드라마에는 상당한 빈부격차가 있는 사람들이 모여 살고 있는 마을이 등장한다. 마을사람들 중에서 집과 차, 가게를 소유하고 있는 정환이네는 상대적으로 부유하지만 정환이네 집 반지하에 세들어 살고 있는 덕선이네는 상대적으로 가난하다. 그러나 이 드라마에는 상대적으로 부유한 마을주민이 가난한 마을주민을 함부로 대하거나 무시하는 장면은 나오지 않는다. 이것은 드라마를 작위적으로 만들어서가 아니라 실제로 그 시절에는 일반인들이 서로의 격차를 빌미로 이웃을 무시하는 경우가 거의 없어서다. 아마도 1980년대에 학교나 직장에서 사회생활을 했던 사람들, 평균적인 마을에 살았던 사람들은 이 말을 금방 수긍할 수 있을 것이다. 이것은 1980년대의 민주화운동이 좀 더 성공적인 결과로 이어져서 한국이 북유럽과 같은 복지자본주의 사회가 되었더라면 자살 문제가 오늘날처럼 심각해지지는 않았을 것을 시사해 준다.

오늘날의 한국인은 서로를 경계하고 불신하며, 적대시하고 혐오하며, 급기야 서로를 공격하는 데까지 이르렀다. 정 많은 민족이라는 말이 무색할 정도로 오늘날의 한국인은 서로에게 못되게

군다. 한국인이 외국인들에게 농담처럼 하는 다음과 같은 말이 있다고 한다. 서울 시내에서 운전할 때 끼어들기를 하고 싶으면 깜빡이를 켜지 말아야 한다. 깜빡이를 켜는 순간 천천히 달리고 있던 옆 도로의 차들이 비켜주지 않으려고 갑자기 속도를 높여 달려와 끼어들기가 어려워지므로 깜빡이를 켜지 말고 그냥 잽싸게 끼어들어야 한다는 것이다. 어떤 분은 골목에서 대로로 나가기 위해 깜빡이를 켜고 있었는데, 하도 지나가는 차들이 양보하지 않길래 오기가 생겨서 '언제까지 양보하지 않는지' 한번 시험을 해보았다고 한다. 그랬더니 20분이 넘도록 단 한 대도 양보하지 않더라면서 이렇게 말하기도 했다. "나는 한국이 싫고 한국인이 싫어요. 이민을 가렵니다."

가족에 속해 있기를 갈망하는 아이가 제일 무서워하는 것은 가족으로부터 배제되는 것이다. 자신이 가족에 속해 있음은 무엇보다 가족 구성원들로부터 차별이나 무시를 당하지 않는 것을 통해서 확인가능하다. 만일 부모가 아이를 차별하거나 무시하면 아이는 가족으로부터 배제되었다는 고통에 시달리고, 가족으로부터 배제되지 않기 위해 부모의 눈치를 보면서 비굴하게 살게 된다. 마찬가지로 '우리'에 속해 있기를 갈망하는 한국인이 제일 무서워하는 것은 우리로부터 배제되는 것이다. 자신이 우리에 속해 있음은 무엇보다 타인이나 사회로부터 차별이나 무시를 당하지 않는 것을 통해서 확인가능하다. 타인이나 사회가 그를 차별하거나 무시하면 그는 우리로부터 배제되었다는 고통에 시달리고, 우리로부터 배제되지 않기 위해서 남들의 눈치를 보면서 비굴하게 살게 된다. 나아가 더 이상의 차별과 무시를 경험하지 않기 위해서 필사적으로 돈에 집착하게 된다. 이런 점에서 상당수의 한국인이 타인의 시선에 민감하게 반응하고 돈에 집착하는 것은 역설적으로 '우리'에 포함되고자 하는 열망이 얼마나 뜨거운가를 보여 주는 것이라고 말할 수 있다. 그러나 이것은 '우리'를 회복할 수 있는 올바른 방도가 아닐 뿐만 아니라 가능한 방도도 아니다. 서로가 서로를 차별하고 무시하는 사회에는 이미 '우리'라는 것이 존재하지 않기 때문이다.

우리를 회복할 수 있는 길, 그리하여 한국인이 한국인의 심리에 부합되는 행복한 삶을 살 수 있는 가장 빠른 길은 사회에 정의와 평등을 실현하는 것이다. 정의와 평등이 실현된 공정한 사회는 격차가 해소된 사회이다. 직업 간 소득격차를 비롯한 온갖 격차의 해소, 기회의 균등, 사회적 자원의 공정한 분배, 사회복지제도 등이 실현되면 돈에 대한 집착이 줄어들고 돈을 중심으로 인간을 평가하는 풍조도 사라질 것이다. 나아가 한국인이 서로를 차별하고 무시하는 풍조도 빠르게 퇴조할 것이다. 이렇게 되면 한국인은 인간관계에서의 억울함이나 분함, 나아가 고독으로 인한 고통을 더 이상 경험하지 않아도 되고 '우리' 속에서 살아갈 수 있게 된다. 자살 문제를 해결하기 위해서라도 시급히 국가적 차원에서 정의와 평등을 실현해야 하는 까닭이 바로 여기에 있다.

4
한국인의 자살의 기타 특징

한국인의 자살에서 드러나는 여러 특징은 한국인의 심리를 반영하는 동시에 그것 자체가 한국사회와 한국인의 심리로부터 상당한 영향을 받는다. 따라서 한국인의 자살에서 드러나는 특징들을 파악하는 것은 자살의 원인만이 아니라 한국사회와 한국인을 이해하는 데에도 의미 있는 단서를 제공해 준다.

가장의 자살

삶의 무게를 감당하지 못하는 한국인

———————

'우리' 중의 하나로 살아간다는 것은 내가 세상에 단독으로 맞설 필요가 없으며, 내 옆에 세상의 무게를 함께 짊어질 동료나 이웃이 있다는 것을 의미한다. 반면에 공동체를 상실한 고독자로 세상을 살아간다는 것은 험악한 세상에 단독으로 맞서야 한다는 것을 의미한다. 때로는 결혼이라는 동맹을 통해서 부부가 세상에 맞서기도 하지만 개개의 고독자가 단독으로 세상을 상대한다는 본질은 달라지지 않는다. 고독자가 자본주의 사회에서 살아남는 길은 치열한 경쟁에서 승리하는 것뿐이고 그러기 위해서는 자기의 상품가치를 끊임없이 갱신해야 한다. 자본주의 시장에서 다른 상품과 차별되는 신상품은 잘 팔리지만 다른 상품과의 차별성이 없는 구상품은 더 이상 팔리지 않기 때문이다.

오늘날 대한민국 '자살 공화국'은 자기계발 공화국이기도 하다. …

성공학·처세술 같은 기존의 수양 및 자조 담론이 수렴되고 변화한 결과인 자기계발 담론은 개개인의 삶을 사업(기업)으로 대상화하고, 개인이 자기 삶과의 관계에서 스스로를 '기업가'처럼 주체화하도록 한다.[169]

초기 자본주의 사회가 노동력을 상품화하는 사회였다면 후기 자본주의 사회는 인간 자체를 상품화하는 사회, 즉 인간을 인간상품[170]으로 만드는 사회이다. 인간상품은 그 존재의 특성상 두 가지의 강박적인 동기를 가지게 된다. 하나는 스스로를 계속 신상품으로 갱신해야만 한다는 '자기계발 동기'이고 다른 하나는 스스로를 인간시장에서 타인들의 눈에 뜨이게끔 선전을 해야만 한다는 '자기소개 동기'이다. 초기 자본주의 사회에서 노동자는 노동에 종사할 수 있는 노동력을 유지할 수 있으면 그만이었다. 즉 이들에게는 스스로를 신상품으로 부단히 갱신해야만 한다는 자기계발 동기가 없었다. 또한 노동자는 단지 물건을 만드는 사람일 뿐 판매하는 사람은 아니었다. 이들에게는 자기가 만든 물건을 어떻게든 사람들에게 소개해야 한다는 상품소개 동기가 없었다. 반면에 인간 그 자체가 상품이 되어 버린 후기 자본주의 사회에서 대다수의 사람은 끊임없는 자기계발 동기와 자기소개 동기에 시달린다.

오늘날의 한국인은 세상이 요구하는 이런저런 스펙을 채우려고 죽을힘을 다해 달음박질쳐 겨우 그것을 달성한다. 하지만 스펙을 채우기 위해 죽을힘을 다해서 달리는 사람은 한두 명이 아니므로 시간과 노력을 들여서 어렵게 쌓은 스펙은 얼마 지나지 않아서 특출난 것이 아니라 남들도 다 가지고 있는 평범한 것이 되어 버린다. 어느새 자신이 구상품으로 전락하게 되는 것이다. '모두가 쌓은 스펙은 더 이상 스펙이 아니다'라는 말도 있지 않던가. 게다가 드디어 세상이 요구하는 스펙을 쌓았다고 안도하는 순간은 잠깐이고 세상은 어느새 새로운 스펙을 요구한다. 끊임없는 자기계발 요구를 따라가는 과정에서 한국인은 정신적으로 황폐화되고 탈진한다. 이런 한국인을 위해 오늘날의 한국사회는 '힐링산업'을 성장시켜 왔다. 힐링산업의 본질은 '그동안 스펙 쌓느라 힘들었지? 이제 스스로를 좀 돌보도록 해. 명상이나 한번 해볼래?'라고 말하며 인간상품이 기운을 회복하도록 북돋운 뒤에 '자, 이제 좀 살 만하지? 그럼 다시 스펙을 쌓기 위해서 달려야지?'라고 등을 떠미는 것이다. 한마디로 과거에 야근특근으로 골골대는 노동자들에게 잠을 깨는 타이밍 약이나 피로회복제인 박카스 등을 먹여서 다시 야근특근으로 내모는 것을 세련된 방식으로 진행하는, 병 주고 약 준 다음 다시 병을 주는 것이 바로 힐링산업이다.

인간이 '자신'에 대해 혼자 져야 하는 책임의 부담은 엄청나게 커졌다. … '자기계발'의 문화는 정반대의 두 방향을 가지고 있다. 하나는 경쟁에서 승리하기 위한 제반의 수단을 체화하고 실천적 방법을 익히기. 다른 하나는 경쟁에서 지치거나 관계 때문에 위기에 처한 자아를 구제하고 위로하기. … 요컨대, 오늘날 만연한 자살은

'자아'들이 덮어쓴 양면 가면의 어두운 뒷면이며, 그 앞면은 경쟁의 전쟁터를 그야말로 홀로 '각개약진'하는 '자기계발' 전사의 '쿨하고' 잔인한 얼굴이다.[171]

한국에서 삶의 무게에 특히 심하게 짓눌리는 이들은 아무래도 사회, 경제생활을 책임지고 있는 가장들이다. 한국에서는 남녀의 자살 비율이 청소년기에는 9.8%로 비슷하고 15세에서 29세까지도 역시 비슷하다. 그러나 30대부터는 남성 자살률이 여성보다 압도적으로 높아져서 45세 이후부터 큰 차이가 나고 60대의 경우에는 남성 자살률이 여성보다 3배까지 높아진다.[172] 자살자가 자살 당시에 겪었던 경제적 문제들을 기준으로 살펴보더라도 경제적인 어려움을 겪었던 사람의 77.5%가 남성이고 22.5%가 여성이다.[173] 자살률에서 이런 남녀 간의 차이가 발생하는 것은 다른 이유도 있기는 하겠지만 남성이 30대 이후에 가장의 역할을 맡게 된다는 것이 영향을 미쳤을 것이다. 결국 한국의 경우에는 병든 사회가 개개인들에게 가하는 과중한 세상의 무게 혹은 삶의 무게 그 자체가 자살자를 양산하고 있음을 알 수 있다.

동반자살

불신지옥을 견디지 못하는 한국인

———————

한국에는 외국에서는 거의 찾아보기 힘든 독특한 자살문화가 있는데, 그것은 바로 동반자살이다. 최근에도 일가족이 번개탄을 피워 놓거나 독약을 먹고 나란히 누워 동반자살하는 기사가 계속해서 나오고 있을 정도로 동반자살은 일상화되고 있다.

> 가족, 특히 자식과 함께하는 동반자살이 많다. 부모가 자살할 때 자식들을 같이 죽게 만드는 동반자살은 다른 사회, 특히 자살을 죄악시하는 기독교 사상이 지배적인 서구사회에서는 유례가 없는 현상이다. … 우리 사회가 부모 없는 아이들은 제대로 사람답게 키워낼 수 없다고 생각하는 태도가 얼마나 강한지, 즉 사회적 지지망에 대한 불신이 얼마나 깊은지를 보여 주는 하나의 예이기도 하다. 결국 이러한 현상은 부모의 돈이 없으면 우리 사회는 살 만한 곳이 아니라는 가치관적 태도를 아주 강하게 보여주는 것이다.[174]

사실 동반자살은 일제강점기만 하더라도 그다지 빈번한 사건이 아니었다. 가족 동반자살은 1950~60년대에 한층 심각[175]해져서 오늘날까지 그 추세가 계속 이어지고 있다. 한국 특유의 동반자살 문화를 통해서 다음과 같은 것들을 파악할 수 있다.

첫째, 한국인의 사회 혹은 시스템에 대한 불신이 극에 달해 있다. 만일 자살하는 부모에게 사회 혹은 시스템에 대한 일말의 믿음이나 기대가 있었다면 그들은 자식들까지 데리고 자살하지는 않았을 것이다. 나는 예전에 고아 출신들로부터 어느 날 아버지가 자기한테 예쁜 옷을 입혀 놀이동산에 데리고 나가 맛있는 걸 사주며 놀아 주고는, 자기를 놔두고 그대로 사라져 버렸다는 식의 가슴 아픈 이야기들을 제법 들었다. 그래도 이 시절만 하더라도 한국 부모들은 자식이 고아원에서 자라나더라도 세상을 그럭저럭 살아갈 수 있을 것이라고 믿었기 때문에 자식을 남의 손에, 사회의 손에 넘겨줄 수 있었다. 반면에 요즈음의 한국 부모들은 한국사회에서 부모 없는 자식은 사람대접을 받으면서 살지 못할 것이고, 그것이 얼마나 끔찍한 고통을 주는지를 잘 알고 있기에 자식을 고아원에다 맡기느니 차라리 동반자살을 선택한다. 물론 이를 두고 자식까지 데리고 자살하는 사람의 정신건강이 어떻다느니 등의 말이 당연히 나올 수 있겠지만, 동반자살이 지속된다는 것은 한국인이 사회 혹은 시스템을 불신하고 있는 증거라는 사실만큼은 달라지지 않는다.

둘째, 한국인은 사람답게 살지 못하면 차라리 죽는 것이 낫다고 믿는 경향이 있다. 한국인은 역사적으로 사람답게 사는 것에 대한 집단적인 심상을 간직해 왔는데, 그것의 핵심은 무엇보다 인간으로서 존중받고 대우받는 것이다. 한국인이 자주 사용하는, 사람답게 살고 싶다는 말에는 사람은 마땅히 타인들, 사회로부터 존중받으면서 살아야 한다는 의미가 포함되어 있다. 한국인의 전통적인 구조 신호는 서구인의 '나 살려!Help me!'와는 달리 '사람 살려!'인데, 이 말에도 인간은 무조건 다른 인간의 생존을 보장해 주기 위해 노력해야 하고, 인간은 서로를 도와주면서 살아야 한다는 의미가 내포되어 있다. 어쨌든 한국인은 무조건 공동체의 일원으로 받아들여지고, 공동체의 일원답게 공동체로부터 존중받기를 바라는 심리를 가지고 있으며, 그것이 불가능해지면 사람답게 살고 있지 못하다고 느낀다. 나아가 사람답게 살지 못하느니 차라리 죽는 게 낫다고 믿는다. 부모가 자식을 데리고 동반자살하는 것은 오늘날의 한국사회에서 자살한 부모의 자식은 백이면 백 사람답게 살지 못할 것이라고 믿기 때문이다. 따라서 자살을 감행하려는 순간 한국 부모는, 비록 비뚤어진 생각이기는 하지만, 자식을 위하는 길이 자식을 데리고 죽는 것이라고 확신하는 것이다.

셋째, 한국인의 사회 혹은 시스템에 대한 불신은 해방 이후 지속되고 있는 반민중적 사회에서 비롯되었다. 다소 먼 과거의 한국인들은 거의 자살을 하지 않았으므로 일단 논외로 치자. 일제강점기의 한국인이 동반자살을 거의 하지 않았던 반면, 1960년대 이후부터 한국인이 동반자살을 하기 시작했다는 것은 무엇을 의미하는가? 이것은 일제강점기가 반민중적 학정 그리고 관계, 공동체의 측면에서 보았을때 오히려 오늘날보다는 나았다는 추측을 가능하게 해 준다. 해방 이후의 이승만 독재, 박정희 유신독재, 신군부 독재, 신자유주의 독재는 5천 년 역사에서 한국인이 처음으로 겪어 보는, 장기간 이어지고 있는 반민중적 학정의 시기이다. 이 시점부터 사대매국세력의 색깔공격(오늘날의 종북몰이)이 기승을 부려 공동체는 크게 균열되며 붕괴되기 시작했고, 마침내 신자유주의 독재 시대에 이르러서는 완전히 붕괴되었다. 해방 이후 진정으로 민중을 위하는 정치를 한 번도 경험하지 못했던 한국인, 월드컵 응원 때나 일시적으로 형성되는 공동체 말고는 지속적인 공동체가 존재하지 않는 조건에서 한국인이 어찌 타인을 신뢰하고 사회와 시스템을 신뢰할 수 있겠는가. 한국에서 동반자살이 빈발하고 있는 것은 바로 이것과 관련이 있다.

허무주의 자살

삶의 의미를 상실한 한국인

―――――――

 한국인의 자살에서 두드러진 또 하나의 특징은 높은 노인자살률이다. 노인세대의 자살률이 급증하고 있다는 것은 한국인이 삶의 의미를 상실하고 있음을 의미한다. 오늘날의 한국인은 무엇을 위해 살고 있을까? 과연 삶의 의미는 발견하고 있을까? 대부분의 한국인은 세상이란 어떤 곳인지, 인간이란 어떤 존재인지, 그리고 삶이란 무엇이고 어떻게 살아야 잘 사는 것인지와 같은 '인간에게 가장 중요한 주제들'에 대해서는 거의 고민조차 하지 못한 채 살아간다. 그저 살아남기 위해, 남들한테 무시당하지 않기 위해 한국사회가 요구하는 대로 하루하루를 살아가고 있을 뿐이다.

 만일 한국이 건강한 사회라면 세상이 요구하는 대로 살아가더라도 삶의 의미를 발견할 수 있을 것이다. 그러나 한국은 병든 사회이기 때문에 세상이 요구하는 대로 살아가는 대부분의 한국인은 삶의 의미를 찾을 수 없다. 오늘날의 한국사회는 한국인에게 어려서부터 청년기까지는 장차 돈을 많이 벌 수 있는 직업을 구할 수 있도록 죽어라고 공부를 해야 하고, 성인이 되어서는 돈을 많이 벌면서 살아가라고 강요한다. 한국인에게는 이러한 획일적인 삶만이 강요될 뿐 그 이외의 삶은 거의 허용되지 않는다.

크게 볼 때, 사람은 두 가지 종류의 삶 중에서 하나를 선택해야 하는데 하나는 먹기 위해 사는 삶이고 다른 하나는 살기 위해 먹는 삶이다. 전자는 본질적으로 육체적 생존을 위해 발버둥치는 삶으로서 대부분의 한국인이 선택하고 있는 삶이다. 내 집 마련을 위한 삶, 돈을 위한 삶, 성공과 출세를 위한 삶 등이 여기에 해당된다. 후자는 사회적 생존을 위한 삶, 사람답게 사는 삶으로서 소수의 한국인이 선택하고 있는 삶이다. 자아실현을 위한 삶, 이웃과 사회에 기여하거나 봉사하려는 삶, 사회를 개혁하기 위한 삶 등이 여기에 해당된다. 대부분의 한국인은 먹기 위해서 살아가는, 동물적이고 이기적인 삶을 살고 있기 때문에 삶의 의미 상실로 고통받는다. 1997년에 자살했던 23세의 대입4수생은 다음과 같은 유서를 남겼다.

그리 길지 않았다.
24년이란 시간 무엇을 위해 살았는지
또 무엇을 하고 싶었는지 알 수 없다.
다만 난 여기서 끝이다.[176]

한국인은 공동체가 붕괴되기 이전까지만 해도 공동체에 기여하는 삶을 통해 나름대로 삶의 의미를 발견할 수 있었다. 최소한 가족을 위해 헌신하고, 지역공동체나 이웃을 위해 봉사하며, 사회발전을 위해 노력하는 과정에서 삶의 의미를 발견할 수 있었던 것이다. 민주화운동이 폭발했던 1980년대에 일시적으로 자살률이 하락한 것 역시 이와 관련이 있다. 그러나 공동체가 붕괴되어 절대다수의 한국인이 고독자가 된 이후 한국인은 개인의 생존, 개인의 성공과 출세를 위한 삶을 살 수밖에 없게 되었고, 그 결과 삶의 의미를 찾을 수 없게 되었다.

> 인간은, 인생이란 무엇이고 왜 살아야 하며, 그것을 통해 한 인간이 진정으로 누리고 이루어야 하는 것은 무엇인가에 대한 사색을 필요로 한다. … 물질적인 조건을 제대로 갖추지 못하는 사람은 세상을 살 가치와 의미를 가지지 못한다는 생각을 하게 되었다는 점이 결국 한국의 높은 자살률과 관련이 있다. … 한국인은 생명과 삶의 의미를 인식하는 데 극도의 혼란을 가지게 되었다.[177]

개인의 생존과 이익만을 추구하는 삶에서는 삶의 의미를 발견할 수 없기 때문에 상당수의 한국인은 삶 그 자체가 초래하는 허무와 공허 등에 시달리고 있다. 이러한 짙은 허무와 공허는 2003년에 자살했던 21세 남성의 유서에 잘 표현되고 있다.

삶이 공허하고 현실에서 행복을 찾을 수 없어 삶의 끈을 놓으려고
합니다.
삶이라는 무거운 짐을 놓고 자유로워지고 싶습니다.
더 이상 무의미한 삶을 이어 가기는 자신이 없습니다.[178]

대부분의 한국인은, 적어도 무의식적으로는, 허무하고 공허한
삶이 무엇에서 비롯되는지 알고 있다. 즉 삶의 허무와 공허가 먹
기 위해서 사는 동물적이고 이기주의적인 삶에서 비롯된다는 것
을 알고 있다는 것이다. 1997년에 자살했던 39세 남성은 유서에
다음과 같은 글을 남겼다.

75세에 죽건 39살에 죽건 무슨 차이가 있는가.
개처럼 먹을 것을 벌기 위해 산다는 말이 아냐.[179]

개인의 생존과 이익을 위해서만 살아가는 개인이기주의적인 삶
이 극단에 이르면 삶의 허무와 공허 역시 극심해져 결국 인간은
삶 자체를 저주하게 되고 자기 자신까지 혐오하게 된다. 이런 극
단적인 심리는 2002년에 자살했던 49세 남성의 유서에 잘 표현되
어 있다.

혼자만 살려고 제 목구멍만 알고 형제·부모·자식·친구들까지 이
용만 했던 제 자신이 양심의 가책상 모든 죄를 대신 지고 갑니다.

…

저는 사람의 탈을 쓴 악마입니다.

…

화장해서 오물통에나 넣어 주십시오.[180]

인간은 삶의 의미를 상실하면 삶이 주는 기쁨과 행복을 경험하지 못한다. 물론 대부분의 한국인이 의식적으로 개인이기주의적인 삶을 지향하는 것은 아니지만, 한국사회가 요구하는 대로 살다 보면 개인이기주의적인 삶을 면하기가 어렵고 그로 인해 필연적으로 삶의 의미 상실과 조우하게 된다. 이런 점에서 상당수의 한국인이 시신 기증 의사를 드러내는 것은 개인이기주의적인 삶이 초래하는 삶의 허무와 공허를 보상하려는 하나의 시도라고 말할 수 있을 것이다. 즉 그것은 살아서는 개인이기주의적으로 살았으니 최소한 죽어서라도 타인들과 공동체에 기여하고자 하는 소망의 발로인 것이다.

> 시신 제공의 소망은 자신의 죽음에 대한 아쉬움을 벌충하는 방법으로 가장 흔하게 등장하는 장치이다. … 죽은 이후 시신이라도 뭔가 쓸모 있는 곳에 쓰이면 좋겠다는 소망을 드러내는 것(이다.)[181]

한국사회가 한국인에게 요구하는 삶이 인간적인 삶, 잘 사는 삶이 아니라는 것 그리고 그 결과 대부분의 한국인이 실패한 삶을 산다는 것은 한국의 노인 자살률에서 극명하게 표현되고 있다. 일제강점기인 1920년대만 하더라도 남녀를 통틀어 노인 자살자의 비율이 오늘날에 비해 낮았다. 오늘날 남성 자살자의 다수를 50대 이상의 노인 연령층이 차지하고 있는 데 비하면 20% 정도나 낮은 수준이다.[182] 반면에 오늘날에는 자살자의 증가가 60대 이상의 노년인구 집단에서 두드러지며, 60대 이상의 노년 자살이 2003년 이후 모든 연령대 중 가장 높은 비율을 차지하고 있다.[183] 이렇게 과거보다 노인 자살률이 큰 폭으로 증가한 것은, 과거의 한국인에 비해 오늘날의 한국인의 노년기에 자기의 삶을 긍정적으로 평가하지 못하고 있음을 보여 준다.

5

자기가 왜 자살하는지
모르는 한국인들

　세계 최고의 자살률을 기록하고 있는 한국인은 자신이 왜 자살하고 있는지 정확히 알고 있을까? 결론부터 말하면, 잘 알고 있지 못하다. 오늘날의 한국사회에서는 온갖 심리적 문제들이 돈을 매개로 작동하고 있어서 대부분의 한국인은 문제의 진정한 원인을 직시하지 못하고 '돈'을 문제의 원인으로 착각하고 있다. 예를 들면 한국인이 불행하고 고통스러운 것은 기본적으로 인간을 차별하고 무시하는 병적인 사회 때문인데, 대부분의 한국인은 자기한테 돈이 없어서 불행하고 고통스럽다고 착각하고 있다. 그러나 이같은 착각에 기초하고 있는 한국인의 돈에 대한 병적인 욕망과 집착은 인간관계를 극심하게 파괴함으로써 한국인을 더욱더 자살로 내몰고 있다. 다음은 1999년에 자살했던 29세 남성의 유서 중 일부이다.

이 세상을 어머니처럼 살고 싶지는 않았어요.

…

그래요. 노력하며 살아왔다고 생각했는데 그건 아니었어요.

…

그래요. 돈이 있었으면 이렇게까지 되지 않았겠지요.

나는 돈 때문에 살지 않았어요.

가난했지만 오붓하게 가족의 정을 받으며 살고 싶었어요.[184]

오늘날의 한국에서는 비록 돈은 없지만 서로가 서로를 위해 주면서 사는 따뜻한 관계를 발견하기 힘들고, 비록 가난하지만 가난한 스스로를 사랑하고 존중하는 사람을 찾아보기 힘들다. 그러다 보니 한국인은 돈이 없으면 서로를 사랑할 수도, 행복해질 수도 없다고 믿게 되었고 관계를 회복하고 행복해지기 위해서는 돈을 더 많이 벌어야만 한다고 믿고 있다. 물론 한국인은, 어렴풋이나마 혹은 무의식적으로는 돈을 숭배하며, 돈을 중심으로 모든 것을 평가하는 세상이 잘못되었음을 알고 있다.

나도 그렇게 하려고 노력했건 만은 냉혹한 현실 속에

내 자신은 다 망가져 가고 말았다오.

…

돈에 속고 돈에 우는 세상, 없으면 죽고 있으면 사는 세상.

…

돈이 무언지 모르겠소. 정말 미안하단 말뿐이오.[185]

고통의 원인에 대한 정확한 진단이 없으면 그것을 해결하는 올바른 대책이 나올 수 없다. 대부분의 한국인은 자신이 끔찍한 고통에서 해방되어 행복해지려면 돈을 많이 벌어야 한다고 믿고 있다. 그리하여 모두 돈을 향해, 성공과 출세를 향해 맹렬히 달려가고 있다. 그러나 행복한 삶을 갈구하는 한국인의 이런 처절한 노력은 필연적으로 실패하게 되어 있다. 왜냐하면 한국인의 고통과 불행의 원인은 돈이 없어서가 아니며, 행복은 돈으로는 절대로 얻을 수 없기 때문이다. 다음은 『한겨레신문』의 「고학력 전문·관리직 자살 5배 증가, 도대체 왜?」[186]라는 제목의 기사 중 일부이다.

스스로 목숨을 끊는 이들 가운데 고학력의 전문직·관리직 비율이 큰 폭으로 늘고 있다. 최근 10년간 고학력 전문·관리직 자살자 수는 6배, 이들이 전체 자살자에서 차지하는 비율은 5배 가까이 증가했다. … 한국 사회 주요 사망원인 가운데 하나인 자살자의 수는 2004년 1만 1523명에서 10년 뒤인 2013년 1만 4471명으로 25%포인트 늘었다. … 통계청 자살현황(1997~2013)을 보면, 직업별 자살자 비율은 농림어업을 제외하고는 대체로 해마다 1%포인트 안팎의 작은 비율로 증감했다. 반면 전문직·관리직의 경우 자살은 물론이고 전체 자살자에서 차지하는 비율의 증가 폭이 다른 직종에 견줘 월등히 높았다.

고위공무원과 기업체 간부·임원 등 관리직의 경우 2004년 42명이 스스로 목숨을 끊었는데 2013년에는 그 10배인 414명이 극단적인 선택을 했다. 전체 비율도 0.4%에서 2.9%로 7배 이상 늘었다. 교수·의사·회계사 등 전문직의 자살은 2004년 137명(1.2%)에서 2013년 685명(4.7%)으로 자살자는 5배, 비율은 4배가 증가했다.

소위 한국에서 성공하고 출세한 사람들이라고 해야 할 고학력의 전문직·관리직 종사자들의 자살이 큰 폭으로 증가하고 있는 현실은 한 가지만큼은 분명하게 말해 주는데, 그것은 성공과 출세가 행복과 무관하다는 것, 나아가 한국에서는 돈을 많이 벌수록 오히려 더 불행해질 수도 있다는 것이다. 아마도 고학력의 전문직·관리직 종사자가 된 이들은 어렸을 때부터 열심히 공부했을 것이다. 대학에서도 우수한 스펙을 갖추기 위해 친구들과 어울리거나 사회문제에 관심을 가지기보다는 도서관에 틀어박혀 공부만 했을 것이다. 그 결과 이들은 좋은 직업을 얻을 수 있었는지 몰라도, 그것이 행복과는 별 관련이 없음을 깨닫게 되었을 것이다. 전 인생을 투자하여 겨우 쟁취한, 돈을 많이 벌 수 있는 직업이 행복과는 별 상관이 없다는 사실을 깨닫는 것은 속된 말로 멘붕(정신적 붕괴) 상태를 유발할 수 있다. 이런 심리상태가 스트레스에 취약할 것임은 쉽게 예측할 수 있다. 즉 평생 행복했던 적이 없고 현재에도 행복하지 않은 이들은 '왜 내가 이 스트레스를 견뎌 내야 하는 거지?', '내가 이런 고통을 당하며 더 살아서 뭐하자는 거지?'라는 심경에 빠져들어 자살 충동에 휩싸이기가 쉽다는 것이다.

    한국은 돈이 없으면 없는 대로 고통스럽고 돈이 있으면 있는 대로 고통스러운 사회이다. 인간을 돈이 아닌 인간으로서 대우하며 존중하는, 인간에 대한 예의가 실종된 지 오래이기 때문이다. 병적인 한국사회에서는 그 어느 누구도 행복해질 수 없다. 이것은 한국인이 각자가 돈을 더 벌기 위해 필사적으로 경쟁하는 삶의 방식을 청산하지 못한다면, 자살률을 낮추기란 대단히 힘들다는 것을 의미한다.

자살 없는 세상을 향해

날로 심각해지는 자살로 인해 한국 정부는 2011년 '자살예방 및 생명존중문화 조성에 대한 법률'을 제정했지만 그 효과는 미미하다. 자살 예방을 위한 여러 노력에도 불구하고 자살이 끊이지 않는 데다, 줄어들 기미조차 보이지 않아서인지 한국은 이제 자살 문제에 대해 서서히 자포자기 상태에 빠져 둔감해지고 있는 것 같다. '세계 자살 예방의 날'에 의례적으로 다음과 같은 사설이 실리고 있을 뿐 자살에 대한 사회적 관심은 시들해졌다.

어제 저명한 야구 해설가 하일성 씨가 스스로 목숨을 끊었다. 지난 5일 안산에서는 4인 집단자살 사건이 있었다. 얼굴도 모르는 사람들이 만나 함께 목숨을 끊는 '집단자살'이 낯설지 않은 풍경이 된지 오래다. 사는 곳도 다르고 성별도 다르고 직업·연령이 전혀 연관성이 없는 사람들이 인터넷 채팅을 통해 만나 같이 삶을 마감하는 작금의 슬프고도 어이없는 상황은 우리 사회가 잘못 돼 가고 있음을 단적으로 보여 준다.

우리나라는 2003년부터 OECD 회원국 가운데 '자살률 1위'라는 오명에서 벗어나지 못하고 있다. 청소년의 사망원인 중 1위가 자살이고, 노인 자살률 역시 세계 1위다. 65세 이상 노인의 자살은 약간 줄어드는 추세이나 아직도 10만 명당 자살자가 무려 49.6명에 이른다. 생이 얼마 남지 않은 노인들의 자살률이 급증한 이유는 빈곤 때문이고, 사업 실패로 빈곤층으로 전락한 중산층들은 빈한한 삶이 구차스러워 스스로 목숨을 버린다. 심각한 것은 세계적으로 자살률이 점차 줄어들고 있음에도 우리의 경우 1998년 IMF 이후 꾸준히 늘어 지난 20년 사이 3배 가까이 급증했다.

내일은 늘어나는 자살문제의 심각성을 알리고 대책을 마련하기 위해 제정된 '세계 자살예방의 날'이다. 이런 날까지 제정해야 할 정도로 자살에 대한 우리의 사회안전망은 너무도 허술하다. 경제규모가 커졌음에도 만성화된 청년 실업, 비정규직의 양산, 서민층과 고소득층 간의 지나친 양극화가 빚어낸 사회구조가 사람들을 죽음으로 몰아가고 있다. 성인 7명 중 1명은 1년에 1회 이상 자살충동을 느끼고 국민 4명 중 1명이 한 번 이상 우울증 등 정신건강 문제를 경험하고 있지만, 정신질환에 대한 편견과 차별 때문에 관리와 치료가 제대로 안 되다 보니 자살로 이어지고 있는 것이다.

자살예방을 위해선 가정이나 직장 등 공동체에서의 관심과 배려가 무엇보다 중요하지만 자살방지를 위한 정부의 확고한 정책적 의지

가 선행돼야 한다. 그 어느 것보다도 자살문제를 정책의 우선순위
에 두어야 한다. 더 이상 자살을 방치해서는 안 된다. 죽음을 택해
야 할 그 이유가 어찌 됐건, 생을 스스로 포기하는 사람이 속출하
는 사회는 올바른 사회가 아니다. 정부와 지자체가 손을 맞잡고 범
국가적 자살방지 대책 마련에 발 벗고 나서야 한다.[187]

대체로 옳은 의견을 말하고는 있지만, 이 사설은 '정신질환에
대한 편견과 차별 때문에 관리와 치료가 제대로 안 되'는 것을 높
은 자살률의 원인 중 하나로 지목하고 있는데, 정신질환에 대한
편견과 차별을 해소하는 것은 미봉책일 뿐이다. 다음의 지적처럼,
자살의 진정한 원인은 병든 사회에 있으므로 병든 사회를 건강한
사회로 개혁해야만 비로소 자살을 줄일 수 있을 것이기 때문이다.

자살을 예방하기 위해서는 가정, 학교, 사회, 종교, 국가, 인류가 건
강해져야 한다. … 실제로 인간성과 인간적 가치가 아닌 성적에 의
한 학력평가로 평가받은 경험들, 그리고 학교폭력의 경험들, 그것
을 방치한 학교와 교사에 대한 경멸과 증오를 가진 아이들에게 자
살률을 낮추는 활동을 한다는 것은 너무 어려운 일이 되기 때문이
다. … 사회가 건강하지 않으면서 그 사회를 구성하고 있는 개인만
건강하라고 요구할 수는 없다. 따라서 건강한 사회, 성숙한 사회를
만드는 일 자체가 자살 예방활동이라는 의식을 가지고 그러한 활
동에 나서야 한다.[188]

한국에서의 자살 문제는 건물이 무너지고 있는데, 책상 밑에 숨으면 살 수 있다고 말하는 것과 같은 사후약방문적인 대책으로는 더 이상 수습이 불가능한 지경에 이르렀다. 이제는 근본적인 수술을 단행해야만 한다.

관계와 공동체의 복원

자살이 만연한 사회는 제대로 된 사회가 아니다. … 자살이라는 현
상에 우리의 '사회·문화'가 총 응결돼 있다.[189]

자살의 가장 큰 원인은 사람들 사이의 관계 악화, 그리고 그 심
리적인 결과물인 고독이다. 따라서 자살을 예방하고 방지하려면
악화된 관계부터 시급히 복원해야 한다. 한국인이 관계로부터 가
장 크게 받는 고통은 타인과 사회로부터 차별과 무시를 당하는 것
인데, 이것은 기본적으로 경제적 격차에서 비롯되고 있다. 따라서
한국사회는 시급히 직업 간 소득격차를 비롯한 여러 경제적 격차
를 줄여 나가야 한다. 경제적 격차가 해소되면 돈을 중심으로 사
람을 평가하고 차별하며 무시하는 경향이 줄어들어 사람들 사이
의 관계가 빠르게 회복될 수 있다.

나는 예전에 한 저서에서 관계 회복에 도움이 되는 제도나 정책

은 무조건 선이고 그 반대는 무조건 악이라고까지 말한 적이 있다. 이러한 견해는 지금도 유효하다. 왜냐하면 관계 회복이 곧 정신건강이고 행복이기 때문이다. 이 세상에서 인간이 가장 소중한 존재라는 명제에 동의한다면, 관계의 회복은 어떤 이유로도 늦추어서는 안 되는 절체절명의 과제일 수밖에 없다.

경제적 격차를 줄이는 것과 함께 사회안전망을 확충하는 데에도 심혈을 기울여야 한다. 사회안전망은 사람들을 만성적인 생존 불안, 미래에 대한 불안에서 구출해 줌으로써 심리적 안정감을 회복할 수 있게 해 준다. 동시에 사회안전망에 의해서 보호받게 되면 한국인의 이웃과 사람, 나아가 사회와 시스템에 대한 신뢰가 높아지고 타인과 사회를 위해서 무엇인가 하려는 욕구가 정상화된다. 즉 사회안전망의 확충 역시 관계 회복에 큰 도움이 된다는 것이다. 한국인이 타인을 돈으로 재단하지 않고 인간 그 자체로 대하면서 서로 사랑하고 존중해 주며, 서로 돕고 위해 주는 사회가 되어야 관계는 비로소 정상궤도에 올라섰다고 말할 수 있고, 자살도 빠르게 줄어들게 될 것이다.

마지막으로 기층 단위에서의 민주주의를 전면적으로 실현해야 한다. 한국은 아직 민주국가라고 할 만한 체모를 갖추지 못했다. 학교는 재단이나 교장이 독재적으로 운영하고 있고, 군대나 경찰은 물론이고 공무원 조직이나 기업 역시 권위주의적이고 획일주의적인 문화가 지배하고 있다. 독재적, 권위주의적, 획일주의적인 문화가 지배하는 비민주적 조직에는 건강한 인간관계가 발을 붙이기 어렵다. 북유럽의 경우 학교는 학생회 대표, 학부모 대표, 교사 대표, 재단 대표가 참여하는 학교운영위원회가 운영한다. 재단 대표의 숫자는 학생, 학부모, 교사 대표에 비하면 소수이기 때문에 재단이 학교를 독단적으로 운영하는 것은 불가능하다. 기업의 경우에는 통상적으로 노사동수의 경영위원회가 경영을 담당하는데, 상당수의 북유럽 나라들이 노동조합의 경영 참가를 법적으로 보장하고 있다. 노동조합 혹은 노동자가 경영에 참여하면 효율적인 기업경영에 도움이 됨은 물론이고 노사 간의 이해가 증진되어 노사갈등이 줄어들고 비자금 조성 등을 통한 정경유착 따위가 원천적으로 불가능해진다. 한마디로 청와대가 기업에게서 돈을 뜯어내는 최순실 사건은 원천적으로 불가능하다. 기층 단위의 민중들이 그 단위를 운영하는 주인이 되는 민주주의의 실현은 사람들 사이의 관계를 증진시키는 데 결정적으로 도움이 된다. 나아가 각 단위, 분야별로 그 영역의 당사자들이 주인이 되는 민주주의적 제도와 문화를 정착시키는 것은 관계를 회복시켜 당장 자살을 줄이는 데 도움이 될 뿐만 아니라 궁극적으로 국가발전에도 도움이 된다.

한국인은 다수 민중의 이익을 대변하는 정권을 수립하여 전면적인 사회개혁을 추진하기 위해 총력을 기울여야 한다. 그것이 자살을 줄이는 가장 확실한 방도이고 국가를 구하는 방도이다.

다양한 자살 방지 대책

근본적인 수술을 하는 것과 동시에 대중에게 자살의 진정한 원인과 해결책을 알려 주는 활동을 전개하고 여러 전문가 집단에 의해서 제안되었던 다양한 자살 방지 대책을 국가적 차원에서 강력하게 추진해야 한다. 사회적으로 고립된 이들에 대한 조사와 지원, 공동체 복원을 위한 민중의 자발적인 활동에 대한 각종 지원(노동조합, 학생회 등을 포함하는 각종 자치조직에 대한 지원 포함), 정신질환에 관한 정기적인 진단과 치료 등 할 수 있는 모든 것을 다 해야 할 것이다.

세계적 인구학자인 영국 옥스퍼드 대학의 데이빗 콜먼David Colemon 교수는 저출산의 영향으로 대한민국이 '인구소멸국가 제1호'가 될 것이라고 예견했다.[190] 그에 의하면 2100년 무렵 한국의 인구는 현재의 절반 수준인 2000만 명으로 줄어들고, 2300년이 되면 사실상 소멸단계에 들어간다. 한국의 젊은이들은 더 이상 아이를 낳지 않으려고 한다. 한국의 젊은이들은 한국을 언젠가부터 '헬조선'이라고 부르고 있다. 기회가 된다면 이민 가고 싶다고 대답하는 비율이 이미 90%를 넘어섰다. 한국에서 사는 것이 전혀 행복하지 않은 젊은이들이 과연 사랑하는 자식을 헬조선에서 키우고 싶겠는가? 자식을 낳아서 헬조선에 내보내면 자식이 행복하게 살 거라고 믿을 수 있겠는가? 한국의 출산율은 바닥을 치고 있는 반면, 자살률은 12년째 세계 최고를 기록하고 있다. 젊은이들은 더 이상 아이를 낳지 않으려 하고 성인들은 대량 자살하고 있는 현 상황을 극적으로 타개하지 않는 한 한국은 콜먼 교수가 예견한 대로 '인구소멸국가 제1호'가 될 수밖에 없을 것이다.

'부정의한 평화보다는 정의로운 전쟁이 낫다'는 말이 있다. 전쟁국가들에서의 전쟁으로 인한 사망자보다 평화국가인 한국에서의 자살자 수가 압도적으로 더 많다는 현실을 보면서 이 말을 쉽게 부정할 수 있을까. 병든 사회, 부정의한 사회를 개혁하기 위해 싸우지 않는다면 비록 겉보기에 사회는 평화로워 보일지 모르지만 사람들은 전쟁 상황에서 겪는 것보다 더 심한 고통으로 스스로 목숨을 끊게 된다는 것을 오늘날의 한국 현실이 분명히 보여 주고 있다.

이제는 온 국민이 총력을 기울여 국가를 멸망에서 건져 내기 위한 필사적인 노력을 시작해야 할 시점이 되었다. 더 이상 속수무책으로 나라의 멸망, 민족의 멸종을 지켜보고만 있을 수는 없다. 근본적인 대수술로 한국을 사람이 살 만한 사회, 나아가 모두가 행복할 수 있는 사회로 거듭나게 해야 한다. 2016년의 겨울공기를 뜨겁게 달구었던 촛불이 아름다운 세상을 만드는 그날까지 횃불이 되어 계속 타올라야만 하는 절박한 이유가 바로 여기에 있다.

참고문헌

— 기어리, 대니얼(Geary, Daniel)/정연복, 『C. 라이트 밀스』, 삼천리, 2009.

— 마커스, 에릭/정지현 역, 『왜 자살하는가』, 책비, 2015.

— 모네스티에, 마르탱/한명희 역, 『자살에 관한 모든 것』, 새움, 2015.

— 박형민, 『자살, 차악의 선택』, 이학사, 2010.

— 서종한, 『심리부검』, 학고재, 2015.

— 손석춘, 「우리는 지금 어디서 어디로 가고 있는가?」, 2016(『아시아문화』 2016
년 8월호).

— 천정환, 『자살론』, 문학동네, 2013.

— 프롬, 에리히/문국주 역, 『가치, 심리학과 인간존재(불복종에 관하여)』, 범우
사, 1996.

— 한국자살예방협회·이홍식 외 공저, 『자살의 이해와 예방』, 학지사, 2012.

— 한성열, 「한국 문화와 자살」, 한국자살예방협회·이홍식 외 공저, 『자살의 이
해와 예방』, 학지사, 2012.

— Schacter, Daniel L. 외/민경환 외, 『심리학 개론』, 시그마프레스, 2013.

주석

1 『한국일보』, 2016년 6월 3일, 〈메아리: 자살, 이제 말해야 한다〉.

2 『아시아경제』, 2015년 10월 3일, 〈우리나라 자살자, 전 세계 전쟁 사망자보다 많다〉.

3 천정환, 『자살론』, 문학동네, 2013, 317쪽.

4 『한국일보』, 2016년 6월 3일, 〈메아리: 자살, 이제 말해야 한다〉.

5 에릭 마커스, 정지현 역, 『왜 자살하는가』, 책비, 2015, 11쪽.

6 『아시아경제』, 2015년 10월 3일, 〈우리나라 자살자, 전 세계 전쟁 사망자보다 많다〉.

7 『아시아경제』, 2015년 10월 3일, 〈우리나라 자살자, 전 세계 전쟁 사망자보다 많다〉.

8 마르탱 모네스티에, 한명희 역, 『자살에 관한 모든 것』, 새움, 2015, 311쪽.

9 박형민, 『자살, 차악의 선택』, 이학사, 2010, 27쪽.

10 박형민, 『자살, 차악의 선택』, 이학사, 2010, 29쪽.

11 서종한, 『심리부검』, 학고재, 2015, 18쪽.

12 『아시아경제』, 2015년 10월 3일, 〈우리나라 자살자, 전 세계 전쟁 사망자보다 많다〉.

13 에릭 마커스, 정지현 역, 『왜 자살하는가』, 책비, 2015, 25쪽.

14 『아시아경제』, 2015년 10월 3일, 〈우리나라 자살자, 전 세계 전쟁 사망자보다 많다〉.

15 한국자살예방협회·이홍식 외 공저, 『자살의 이해와 예방』, 학지사, 2012, 304쪽.

16 『한국일보』, 2016년 6월 3일, 〈메아리: 자살, 이제 말해야 한다〉.

17 에릭 마커스, 정지현 역, 『왜 자살하는가』, 책비, 2015, 241쪽.

18 한국자살예방협회·이홍식 외 공저, 『자살의 이해와 예방』, 학지사, 2012, 78쪽.

19 한국자살예방협회·이홍식 외 공저, 『자살의 이해와 예방』, 학지사, 2012, 304쪽.

20 천정환, 『자살론』, 문학동네, 2013, 25쪽.

21 『한국일보』, 2016년 6월 3일, 〈메아리: 자살, 이제 말해야 한다〉.

22 박형민, 『자살, 차악의 선택』, 이학사, 2010, 25쪽.

23 에릭 마커스, 정지현 역, 『왜 자살하는가』, 책비, 2015, 20쪽.

24 박형민, 『자살, 차악의 선택』, 이학사, 2010, 26쪽.

25 박형민, 『자살, 차악의 선택』, 이학사, 2010, 27쪽.

26 마르탱 모네스티에, 한명희 역, 『자살에 관한 모든 것』, 새움, 2015, 13쪽.

27 한국자살예방협회·이홍식 외 공저, 『자살의 이해와 예방』, 학지사, 2012, 29쪽.

28 에릭 마커스, 정지현 역, 『왜 자살하는가』, 책비, 2015, 51쪽.

29 한국자살예방협회·이홍식 외 공저, 『자살의 이해와 예방』, 학지사, 2012, 32쪽.

30 한국자살예방협회·이홍식 외 공저, 『자살의 이해와 예방』, 학지사, 2012, 33쪽.

31 한국자살예방협회·이홍식 외 공저, 『자살의 이해와 예방』, 학지사, 2012, 282쪽.

32 천정환, 『자살론』, 문학동네, 2013, 48쪽.

33 에릭 마커스, 정지현 역, 『왜 자살하는가』, 책비, 2015, 36쪽.

34 서종한, 『심리부검』, 학고재, 2015, 50쪽.

35 에릭 마커스, 정지현 역, 『왜 자살하는가』, 책비, 2015, 164쪽.

36 박형민, 『자살, 차악의 선택』, 이학사, 2010, 173쪽.

37 박형민, 『자살, 차악의 선택』, 이학사, 2010, 175쪽.

38 천정환, 『자살론』, 문학동네, 2013, 19쪽.

39 에릭 마커스, 정지현 역, 『왜 자살하는가』, 책비, 2015, 51쪽.

40 한국자살예방협회·이홍식 외 공저, 『자살의 이해와 예방』, 학지사, 2012, 37쪽.

41 한국자살예방협회·이홍식 외 공저, 『자살의 이해와 예방』, 학지사, 2012, 135쪽.

42 한국자살예방협회·이홍식 외 공저, 『자살의 이해와 예방』, 학지사, 2012, 175쪽.

43 2004년에 자살한 52세 남성의 유서 중에서: 박형민, 『자살, 차악의 선택』, 이학사, 2010, 308쪽.

44 한국자살예방협회·이홍식 외 공저, 『자살의 이해와 예방』, 학지사, 2012, 131쪽/159쪽.

45 이 주제에 관심이 있는 분들은 『만들어진 우울증』[크리스토퍼 레인(Christopher Lane), 한겨레출판, 2008]을 참고하라.

46 이 주제에 관해서는 『싸우는 심리학』(김태형, 서해문집, 2014)을 참고하라.

47 한국자살예방협회·이홍식 외 공저, 『자살의 이해와 예방』, 학지사, 2012, 16쪽.

48 박형민, 『자살, 차악의 선택』, 이학사, 2010, 47쪽.

49 박형민, 『자살, 차악의 선택』, 이학사, 2010, 48쪽.

50 박형민, 『자살, 차악의 선택』, 이학사, 2010, 45쪽.

51 박형민, 『자살, 차악의 선택』, 이학사, 2010, 24쪽.

52 에릭 마커스, 정지현 역, 『왜 자살하는가』, 책비, 2015, 102쪽.

53 마르탱 모네스티에, 한명희 역, 『자살에 관한 모든 것』, 새움, 2015, 45쪽.

54 나는 어린 시절의 상처가 본질적으로 병적 사회의 산물임을 『청춘 심리 상담』(김태형, 다시봄, 2016), 『누구에게나 어린 시절의 상처가 있다』(김태형, 갈매나무, 2016), 『싸우는 심리학』(김태형, 서해문집, 2016) 등의 저서를 통해 강조한 바 있다.

55 한국자살예방협회·이홍식 외 공저, 『자살의 이해와 예방』, 학지사, 2012, 17쪽.

56 마르탱 모네스티에, 한명희 역, 『자살에 관한 모든 것』, 새움, 2015, 17쪽.

57 한국자살예방협회·이홍식 외 공저, 『자살의 이해와 예방』, 학지사, 2012, 5/24쪽.

58 한국자살예방협회·이홍식 외 공저, 『자살의 이해와 예방』, 학지사, 2012, 83쪽.

59 천정환, 『자살론』, 문학동네, 2013, 187쪽.

60 천정환, 『자살론』, 문학동네, 2013, 42쪽.

61 천정환, 『자살론』, 문학동네, 2013, 304~305쪽.

62 천정환, 『자살론』, 문학동네, 2013, 174쪽.

63 천정환, 『자살론』, 문학동네, 2013, 256/305쪽.

64 천정환, 『자살론』, 문학동네, 2013, 263/265쪽.

65 천정환, 『자살론』, 문학동네, 2013, 198~199쪽.

66 천정환, 『자살론』, 문학동네, 2013, 272쪽.

67 천정환, 『자살론』, 문학동네, 2013, 300쪽.

68 천정환, 『자살론』, 문학동네, 2013, 63쪽.

69 에릭 마커스, 정지현 역, 『왜 자살하는가』, 책비, 2015, 37쪽.

70 천정환, 『자살론』, 문학동네, 2013, 69쪽.

71 박형민, 『자살, 차악의 선택』, 이학사, 2010, 24쪽.

72 한국자살예방협회·이홍식 외 공저, 『자살의 이해와 예방』, 학지사, 2012, 83쪽.

73 천정환, 『자살론』, 문학동네, 2013, 26쪽.

74 에릭 마커스, 정지현 역,『왜 자살하는가』, 책비, 2015, 55쪽.

75 박형민,『자살, 차악의 선택』, 이학사, 2010, 117쪽.

76 에릭 마커스, 정지현 역,『왜 자살하는가』, 책비, 2015, 84쪽.

77 서종한,『심리부검』, 학고재, 2015, 204쪽.

78 이 주제에 관심이 있는 독자들은『새로 쓴 심리학』(김태형, 세창출판사, 2009)을 참고하라.

79 천정환,『자살론』, 문학동네, 2013, 209쪽.

80 박형민,『자살, 차악의 선택』, 이학사, 2010, 149쪽.

81 박형민,『자살, 차악의 선택』, 이학사, 2010, 145쪽.

82 박형민,『자살, 차악의 선택』, 이학사, 2010, 147쪽.

83 박형민,『자살, 차악의 선택』, 이학사, 2010, 151쪽.

84 박형민,『자살, 차악의 선택』, 이학사, 2010, 149쪽.

85 천정환,『자살론』, 문학동네, 2013, 228쪽.

86 마르탱 모네스티에, 한명희 역,『자살에 관한 모든 것』, 새움, 2015, 186쪽.

87 마르탱 모네스티에, 한명희 역,『자살에 관한 모든 것』, 새움, 2015, 52쪽.

88 한국자살예방협회·이홍식 외 공저,『자살의 이해와 예방』, 학지사, 2012, 170쪽.

89 한국자살예방협회·이홍식 외 공저,『자살의 이해와 예방』, 학지사, 2012, 171쪽.

90 천정환,『자살론』, 문학동네, 2013, 38쪽.

91 에릭 마커스, 정지현 역,『왜 자살하는가』, 책비, 2015, 113쪽.

92 한국자살예방협회·이홍식 외 공저,『자살의 이해와 예방』, 학지사, 2012, 173쪽.

93 박형민,『자살, 차악의 선택』, 이학사, 2010, 52쪽.

94 대니얼 기어리 (Daniel Geary), 정연복,『C. 라이트 밀스』, 삼천리, 2009, 189쪽.

95 박형민,『자살, 차악의 선택』, 이학사, 2010, 55쪽.

96 박형민,『자살, 차악의 선택』, 이학사, 2010, 55쪽.

97 박형민,『자살, 차악의 선택』, 이학사, 2010, 57쪽.

98 2005년에 자살한 28세 남성의 유서: 박형민,『자살, 차악의 선택』, 이학사, 2010, 128쪽.

99 2005년에 자살한 28세 남성의 유서: 박형민,『자살, 차악의 선택』, 이학사, 2010, 132쪽.

100 2001년에 자살한 27세 남성의 유서: 박형민,『자살, 차악의 선택』, 이학사, 2010, 168쪽.

101 2005년에 자살한 60세 남성의 유서: 박형민,『자살, 차악의 선택』, 이학사, 2010, 171쪽.

102 2000년에 자살한 50세 남성의 유서: 박형민,『자살, 차악의 선택』, 이학사, 2010, 177쪽.

103 1997년에 자살한 35세 남성의 유서: 박형민,『자살, 차악의 선택』, 이학사, 2010, 276쪽.

104 천정환,『자살론』, 문학동네, 2013, 37쪽.

105 에릭 마커스, 정지현 역,『왜 자살하는가』, 책비, 2015, 237쪽.

106 서종한,『심리부검』, 학고재, 2015, 136쪽.

107 마르탱 모네스티에, 한명희 역,『자살에 관한 모든 것』, 새움, 2015, 98쪽.

108 박형민,『자살, 차악의 선택』, 이학사, 2010, 106쪽.

109 서종한,『심리부검』, 학고재, 2015, 140쪽.

110 천정환,『자살론』, 문학동네, 2013, 61~62쪽.

111 박형민,『자살, 차악의 선택』, 이학사, 2010, 109쪽.

112 이 주제에 대해서는『청춘심리상담』(김태형, 다시봄, 2016)을 참고하라.

113 한국자살예방협회·이홍식 외 공저,『자살의 이해와 예방』, 2012, 학지사, 368쪽.

114 한국자살예방협회·이홍식 외 공저,『자살의 이해와 예방』, 2012, 학지사, 258쪽.

115 서종한,『심리부검』, 학고재, 2015, 100쪽.

116 한국자살예방협회·이홍식 외 공저,『자살의 이해와 예방』, 학지사, 2012, 236쪽.

117 마르탱 모네스티에, 한명희 역,『자살에 관한 모든 것』, 새움, 2015, 18쪽.

118 박형민,『자살, 차악의 선택』, 이학사, 2010, 297쪽.

119 한국자살예방협회·이홍식 외 공저,『자살의 이해와 예방』, 학지사, 2012, 258쪽.

120 마르탱 모네스티에, 한명희 역,『자살에 관한 모든 것』, 새움, 2015, 285쪽.

121 한국자살예방협회·이홍식 외 공저,『자살의 이해와 예방』, 학지사, 2012, 234쪽.

122 에릭 마커스, 정지현 역,『왜 자살하는가』, 책비, 2015, 142쪽.

123 서종한,『심리부검』, 학고재, 2015, 103쪽.

124 천정환,『자살론』, 문학동네, 2013, 43쪽.

125 박형민,『자살, 차악의 선택』, 이학사, 2010, 189쪽.

126 박형민,『자살, 차악의 선택』, 이학사, 2010, 74쪽.

127 박형민,『자살, 차악의 선택』, 이학사, 2010, 75쪽.

128 에리히 프롬, 문국주 역, 1959,『가치, 심리학과 인간존재』(불복종에 관하여, 범우사, 1996) 185쪽.

129 Daniel L Schacter. 외, 민경환 외, 『심리학 개론』, 시그마프레스, 2013, 783쪽.

130 Daniel L Schacter. 외, 민경환 외, 『심리학 개론』, 시그마프레스, 2013, 783쪽.

131 Daniel L Schacter. 외, 민경환 외, 『심리학 개론』, 시그마프레스, 2013, 744쪽.

132 Daniel L Schacter. 외, 민경환 외, 『심리학 개론』, 시그마프레스, 2013, 783쪽.

133 천정환, 『자살론』, 문학동네, 2013, 71쪽.

134 박형민, 『자살, 차악의 선택』, 이학사, 2010, 285쪽.

135 박형민, 『자살, 차악의 선택』, 이학사, 2010, 102쪽.

136 서종한, 『심리부검』, 학고재, 2015, 260쪽.

137 천정환, 『자살론』, 문학동네, 2013, 285쪽.

138 천정환, 『자살론』, 문학동네, 2013, 39쪽.

139 한국자살예방협회·이홍식 외 공저, 『자살의 이해와 예방』, 학지사, 2012, 91쪽.

140 2003년 자살한 24세 남성의 유서 중에서: 박형민, 『자살, 차악의 선택』, 이학사, 2010, 123쪽.

141 2004년에 자살한 26세 남성의 유서 중에서: 박형민, 『자살, 차악의 선택』, 이학사, 2010, 183쪽.

142 2004년에 자살한 21세 여성의 유서 중에서: 박형민, 『자살, 차악의 선택』, 이학사, 2010, 184쪽.

143 박형민, 『자살, 차악의 선택』, 이학사, 2010, 191쪽.

144 박형민, 『자살, 차악의 선택』, 이학사, 2010, 211쪽.

145 한국자살예방협회·이홍식 외 공저, 『자살의 이해와 예방』, 학지사, 2012, 156쪽.

146 한국자살예방협회·이홍식 외 공저, 『자살의 이해와 예방』, 학지사, 2012, 193쪽.

147 한국자살예방협회·이홍식 외 공저, 『자살의 이해와 예방』, 학지사, 2012, 173쪽.

148 한국자살예방협회·이홍식 외 공저, 『자살의 이해와 예방』, 학지사, 2012, 226쪽.

149 한국자살예방협회·이홍식 외 공저, 『자살의 이해와 예방』, 학지사, 2012, 157쪽.

150 에릭 마커스, 정지현 역, 『왜 자살하는가』, 책비, 2015, 21쪽.

151 에릭 마커스, 정지현 역, 『왜 자살하는가』, 책비, 2015, 23쪽.

152 한국자살예방협회·이홍식 외 공저, 『자살의 이해와 예방』, 학지사, 2012, 25쪽.

153 천정환, 『자살론』, 문학동네, 2013, 74쪽.

154 천정환,『자살론』, 문학동네, 2013, 194쪽.

155 천정환,『자살론』, 문학동네, 2013, 52~53쪽/153쪽.

156 천정환,『자살론』, 문학동네, 2013, 320쪽.

157 천정환,『자살론』, 문학동네, 2013, 68쪽.

158 천정환,『자살론』, 문학동네, 2013, 211쪽.

159 천정환,『자살론』, 문학동네, 2013, 216쪽.

160 천정환,『자살론』, 문학동네, 2013, 193쪽.

161 천정환,『자살론』, 문학동네, 2013, 54쪽.

162 한성열,「한국 문화와 자살」, 2008(『자살의 이해와 예방』, 한국자살예방협회, 학지사, 2012), 46쪽.

163 한성열,「한국 문화와 자살」, 2008(『자살의 이해와 예방』, 한국자살예방협회, 학지사, 2012,) 49쪽.

164 [김동률의 심쿵 인터뷰] 서른 번째 방한 '노랑머리 한국인' 폴 포츠, 중앙선데이, 2016.12.18.

165 한성열,「한국 문화와 자살」, 2008(『자살의 이해와 예방』, 한국자살예방협회, 학지사, 2012), 50쪽.

166 한성열,「한국 문화와 자살」, 2008(『자살의 이해와 예방』, 한국자살예방협회, 학지사, 2012), 52~53쪽.

167 「어려울 때 의지할 친구·친척 없다' … 韓, OECD 중 가장 심각」,『연합뉴스』, 2015년 10월 19일.

168 서종한,『심리부검』, 학고재, 2015, 201쪽.

169 천정환,『자살론』, 문학동네, 2013, 59쪽.

170 이 주제에 관해 관심이 있는 분들은『싸우는 심리학』(김태형, 서해문집, 2014)을 참고하라.

171 천정환,『자살론』, 문학동네, 2013, 60~61쪽.

172 천정환,『자살론』, 문학동네, 2013, 121쪽

173 박형민,『자살, 차악의 선택』, 이학사, 2010, 84쪽.

174 한국자살예방협회·이홍식 외 공저,『자살의 이해와 예방』, 학지사, 2012, 24쪽.

175 천정환,『자살론』, 문학동네, 2013, 222쪽.

176 박형민,『자살, 차악의 선택』, 이학사, 2010, 198쪽.

177 한국자살예방협회·이홍식 외 공저,『자살의 이해와 예방』, 학지사, 2012, 26쪽.

178 박형민,『자살, 차악의 선택』, 이학사, 2010, 163쪽.

179 박형민,『자살, 차악의 선택』, 이학사, 2010, 206쪽.

180 박형민,『자살, 차악의 선택』, 이학사, 2010, 197쪽.

181 박형민,『자살, 차악의 선택』, 이학사, 2010, 371쪽.

182 천정환,『자살론』, 문학동네, 2013, 121쪽.

183 박형민,『자살, 차악의 선택』, 이학사, 2010, 78쪽.

184 박형민,『자살, 차악의 선택』, 이학사, 2010, 232쪽.

185 1999년에 자살한 45세 남성의 유서 중, 박형민,『자살, 차악의 선택』, 이학사, 2010, 226쪽.

186 『한겨레신문』, 2015년 1월 19일.

187 「자살률 1위 오명, 언제까지 가져갈 건가」,『경인일보』, 2016년 9월 9일.

188 한국자살예방협회·이홍식 외 공저,『자살의 이해와 예방』, 학지사, 2012, 27쪽.

189 천정환,『자살론』, 문학동네, 2013, 325쪽.

190 『경남일보』, 2016년 12월 13일.